社会主义核心价值体系建设

"双百"出版工程

# 项 目

# /100位

## 新中国成立以来感动中国人物/

# 谭 彦

郑兢业　高天昇／著

★

吉林文史出版社

# 前言

每个人的心中都多少有一点英雄情结，都向往英雄、景仰英雄。也正因此，在中华人民共和国建国六十周年之际，由中央十一部委联合组织开展的"100位为新中国成立作出突出贡献的英雄模范人物和100位新中国成立以来感动中国人物"的评选活动中，群众参与投票总数近一亿。这其中的每一张选票，都表达了人们对英雄模范的崇敬之情，寄托着对伟大祖国的美好祝福。

一个民族不能没有英雄，否则这个民族就不会强大。当国家危难之时，懦弱者选择了逃避、妥协甚至投降，英雄们却挺身而出，用热血捍卫民族的尊严，人民的幸福。在创立和建设新中国的伟大历程中，涌现出无数可歌可泣的英雄模范人物。他们之中，有为了民族独立和人民解放而英勇牺牲的革命先烈，有为了党和人民的事业而不懈奋斗的优秀共产党员，有在全民族抗战中顽强奋战、为国捐躯的爱国将士，有英勇杀敌的战斗英雄和革命群众，有积极从事进步活动的著名民主爱国人士和国际友人……他们是民族的脊梁、祖国的骄傲，是激励全体人民团结奋斗的精神力量。

《100位新中国成立以来感动中国人物》丛书，就像一部星光璀璨的英雄谱，真实、完整地记录了英雄模范人物不平凡的一生，再现了他们非凡的人格魅力和精神世界。舍身堵枪眼的黄继光，拼命也要拿下大油田的王进喜，中国原子弹之父邓稼先，新时期领导干部的楷模孔繁森……一串串闪光的名字，一个个动人的故事，犹如群星闪烁，光耀中华。

当今中国正处于伟大变革的时代，迫切需要涌现出一大批勇于承担历史使命、为祖国和人民奉献一切的先进人物。在"双百"人物崇高精神的引领下，在建设社会主义现代化国家的征程中，必将英雄辈出。

# 生平简介

  谭彦，男，汉族，1960 年出生，吉林省集安市人，中共党员。生前历任大连经济技术开发区人民法院审判员、副庭长、庭长、审判委员会委员、副院长。2004 年因病英年早逝，时年 44 岁。

  1985 年，谭彦于吉林大学法律系毕业后分配到大连市中级人民法院。不久，他放弃优越的城市生活，主动要求参加开发区人民法院的筹建工作，担任书记员。由于拼命工作，积劳成疾，1989 年被医生诊断为"慢性纤维空洞型肺结核"。

  谭彦身患重病后，以超人的意志与病魔顽强抗争。他"死也要死在工作岗位上"的崇高情怀，在抵抗绝症中表现出的钢铁般意志，执法如山的职业精神，赢得"铁法官"的美誉。

  谭彦曾先后被授予"全国法院模范"、"中国首届十大杰出青年卫士"、"全国法院系统青年法官标兵"等各种荣誉称号。2009 年被授予"100 位新中国成立以来感动中国人物"。

## 1960-2004
[TANYAN]

◀ 谭彦

# 目 录 MULU

# "铁法官"谭彦（代序）

谭彦"铁法官"的美誉，来自《老铁之歌》。而身边同事给他起的"老铁"的绰号，高度浓缩了谭彦身患重病后，在抵抗绝症中表现出的钢铁般意志，他执法如山的职业精神。

1987年4月，大连市中级人民法院在开发区设立审判庭。租来的七间简易房，既是审判庭和筹备组的办公地点，也是他们的住处。没有自来水，吃水要靠手提肩挑；外出办案没有机动车，靠自行车和两条腿奔波。

当时做书记员的谭彦，一个人要为五名法官当助手。承担着超负荷的工作量。这和正常情况下一个书记员配合一至二名审判员工作相比，谭彦等于多承担了三倍以上的重担。

患过肺结核的谭彦，心里非常清楚，长期在艰苦条件下透支体力意味着什么。他感冒了，连续发烧二十多天，依然坚持白天上班，晚上整理材料……直到倒下被送进医院。

诊断结果非常可怕：由于长时间高烧，已恶化为"慢性纤维空洞型肺结核"，必须全休式治疗，最多还能活五年。

面对严峻的人生关坎，谭彦心中升起这样的信念：人迟早是要死的，生命的长短用时间来计算，生命的价值却用贡献来计算。即使像流星闪过，也要放射出绚丽的光彩。反正我的身体已经就这个样子了，与其在医院等死，不如出来工作，我就是死，也要死在工作岗位上。

1996年6月，谭彦承办了一件有六名被告的团伙抢劫案。由于开发区法院审判法庭太小，谭彦决定到市中院大法庭公开审理此案。

个头1.76米的谭彦，瘦得体重不足40公斤。在预定开庭那天早晨，高烧多日的谭彦仍在发烧。平日走路就很困难的谭彦，愈发头重脚轻。

这次公开审判，从上午 9 点开始，一直持续到下午 3 点。在整整 6 个小时里，谭彦顶着高烧，翻阅着近二百页的卷宗，写下上万字的阅卷笔录和审判提纲……晚上谭彦下班回到家，连烧带累，已经神志恍惚，像一摊烂泥倒在床上。妻子贾丽娜见状心疼地催促："谭彦啊! 看你病成啥样了! 快上医院吧!"

谭彦无力回应妻子的惊慌、痛心与哀求，只是闭着眼睛，半张着嘴，大口大口地喘着气。妻子劝不动也搬不动谭彦，只好让他先歇一会儿缓缓劲儿。给他脱衣服时，发现谭彦皮包骨头的臀部，由于坐得太久，尾骨表皮往外渗血。她忍不住泪雨纷纷……

闻讯赶来的领导和同事当即把谭彦架上汽车，直奔医院。

那天是个新来的医生值班，他一看拍出的片子，万分惊愕地问："这是谁的片子? 这人还活着吗?"

谭彦的同事回答："他不但活着，今天还在上班，审了一天案。"

两个医生惊呆了，久久无语。

无论家人同事怎样劝阻，医生怎样挽留，稍一退烧，谭彦就硬撑着上班了。

在职业生涯中，谭彦忠于法官的天职。

谭彦恪守：清廉如水是立身之本。在情与法、钱与法的较量中，他不为人情所动，不受金钱诱惑。

谭彦秉持：秉公执法是生命之魂。面对权力和邪恶挑战法律，他昂然回答："如果只讲权不讲法，我早就不当法官了!"

谭彦深知：审慎细微是铁案之基。他常说："人民法官头顶国徽，肩扛天平，绝不能在我们手中办一件错案。"他认为，秉公执法的核心就是认真、准确、公正地办案。他从不放过一个疑点。

谭彦践行：人道办案是公仆之责。谭彦始终坚信并践行这样的信念：一个出色的法官，必须靠自己的人格力量，用真情去感化别人，使更多的人自觉遵守国家法律，让被破坏的社会秩序恢复正常。

谭彦面对绝症，意志坚如钢铁，执法铁面无私。而在济弱扶危时，他又是那样情深意切，暖如春风。

即使在病魔缠身的岁月里，谭彦最大的渴望，依然是尽其所能，回报社会，奉献他人，让人间更温馨，让世界更美好。

2004年11月19日，临终前9天，他从《参考消息》上看到一篇题为《牛蛙皮治青光眼》的文章，想起退休的老同事李永春的儿子患青光眼失明多年，便让贾丽娜把文章剪下来，转交给老李。

无论谭彦获得多少荣誉，都不影响他真诚平实的生命底色。

直到临终的最后时刻，他都记着：自己只是一个普通的人民法官，只能给人民做出奉献，而不能有任何奢求。法院为他准备后事，打算把他安葬在环境优美的大连名人园。弥留之际的谭彦得知后，坚决嘱托妻子贾丽娜："那里费用太贵，千万不要。咱是老百姓的孩子，不算名人。"

让我们在《老铁之歌》的回荡声中，追寻谭彦非凡的人生吧——

　　老铁，人民的兵，执法的一架天平；

　　老铁，坚强的人，我们的一盏明灯；

　　为了社会的安定，为了司法的公正，

　　你无私奉献，燃烧着生命，

　　你是我们心中的英雄。

　　老铁，拓荒的牛，铁骨铮铮；

　　老铁，一身正气，两袖清风……

# 山里的孩子

# ➔ 父亲的启蒙

★ ★ ★ ★ ★

1960 年 10 月 22 日，谭彦出生在吉林省集安县台上乡一个小山村。他一出世，就掉进了"大跃进"带来的全民大饥荒年代。他一次次饥肠辘辘、瞪着天真的眼睛，幻想着漫天飞雪变成白面，白面长成白馒头 …… 然而，幻想中的白馒头还没有在梦中出锅，却幻化出"文化大革命"的滚滚洪流，农民正常的生产，农家正常的生活，都被洪流带走。改变不了的是大自然的律令，春天来了，百花照样灿烂。夏日又临，溪水依然且歌且舞，涣涣东去。改变不了的是童心欢快无忧的天性，即使空肠瘪肚，也挡不住他们在清澈见底的小河里戏水捉鱼。

对超卓者说来，童年的生活艰辛，是一笔难得的生命财富。吃苦耐劳，坚韧刚毅，富有感恩之心，常怀爱人之意的人格品性，与锦衣玉食无缘，多是粗茶淡饭养育出的。

谭彦刚满 10 岁时，在给放牛的叔叔送饭时，就显现出他心地的善美。

谭彦的叔叔 17 岁就当上了生产队的牛倌。每天清晨带着干粮，把牛赶到山坡上吃草。饿了，就吃干粮；

渴了，就饮泉水。牛吃饱了卧在树下晒太阳倒沫，谭彦的叔叔就掏鸟蛋或捉蚂蚱。每次叔叔给他讲放牛的乐趣，都把谭彦眼馋得不得了。

一个星期六的晚上，谭彦和叔叔约定：明天跟叔叔一起放牛。

第二天早晨，谭彦从梦中醒来时，闻到贴饼的焦香味，一睁开眼，透窗的阳光把他刺得直眨巴眼。他翻身下床，只见妈妈正在灶前忙活，他急切地问妈妈：叔叔呢？

妈妈说：叔叔天不亮就先上山了。他想让你多睡一会儿，没把你喊醒。

谭彦非常懊恼：不是说好跟着他放牛的吗？

妈妈劝慰他：只是晚去一会儿。你叔叔没吃早饭就走了，你快吃了饭，带上吃的去找他。

谭彦一听笑了，赶紧坐在饭桌前。

早饭很简单，一碟野菜，一锅玉米面稀饭，几个锅贴饼。贴饼有两种，一种是纯玉米面饼子，叫黄饼子，一种是玉米面掺了野菜的，叫菜饼子。

妈妈叮嘱谭彦：你吃一个黄饼子，给你叔叔送两个黄饼子，再带一点菜。

谭彦摇摇头：不，我不吃黄饼子。

妈妈吃惊地问：怎么不吃？菜饼不顶事儿。

谭彦说：黄饼子留给爷爷和叔叔吃吧，他们干活都累。

看儿子这么懂事，妈妈既高兴又心疼。她恳求谭彦：你正长个呢，吃半个也好。

谭彦更坚决地摇摇头，拿起一个菜饼，大口大口吃起来。

妈妈的目光深情地缠绕着儿子，泪水默默浸湿睫毛，爬向脸颊……

饭送到山上，叔叔狼吞虎咽吃下两个黄饼后，抹把嘴说：今儿你妈做的黄饼焦黄喷香，太好吃了，你说呢？

脑子一时转不过弯儿的谭彦，顺口说了实话：我不知道今天的黄饼啥味儿，我吃的是菜饼。

叔叔突然若有所悟，一脸愧色，拍着谭彦的肩膀，感慨万千地重复着：这孩子、这孩子……

"这孩子"带给人的感动，远远超越了家中亲人。

从小学一年级至四年级，直到谭彦随父母离开台上乡，每当星期天，谭彦就和谭海、王景福几个小伙伴一起，到村里孤寡老人高奶奶家，帮她打水、劈柴、打扫屋里屋外，驱走老人的孤单寂寞。每当这些可爱孩子到来的日子，高奶奶像迎接重要节日一样，生命的老树上心花灿烂。夏日，她会早早在树荫下摆上小圆桌，放几个小凳，凉上几杯茶，翘首等待"小燕子们"。冬天，树荫下的小圆桌移到了烧得暖暖和和的炕头上，上面早已摆上几样她舍不得独享的干果，盘腿坐在炕上，引颈渴盼掀动门帘的小手。

四年中，谭彦和伙伴们给高奶奶送来无尽的快乐和安慰，孩子们也从她这里学到了课堂上学不到的东西。

高奶奶一肚子故事，记性也好，她款款道来的人参娃娃、老虎妈子、大灰狼、山神等数不清的神话、传说、民间故事，不仅激发了孩子们的想象力，也在他们幼年的心灵中，播下善有善报、正义战胜邪恶的信念。

从那时，小谭彦就悟出：人，在帮助他人时，自己也受益。

常言说：高尚的父母是孩子最好的老师。谭彦从妈妈身上学到了吃苦耐劳，为人善良；父亲从小就教诲他，一个人要懂人间大义，做人要诚信正义。

谭彦的爸爸谭志福，是个地质勘探工作者。多年的野外地质勘探工作，使他对什么事情都爱较真，喜欢追根溯源。耳濡目染，这深刻影响着谭彦的个性形成。

有一天，谭彦问爸爸：同样是河水，为什么有的河水清，有的河水混？

爸爸告诉他：水的源头一般都很清纯。只是因为水流的路径不一样，才有了清浊之分。遥远的长江、黄河，都发源于巴颜喀拉山脉。长江流域植被茂盛，直到奔涌万里入海，水还是清澄的。黄河之所以水色泛黄，含沙量极高，是因为它与长江走的路径大不相同。黄河往东走了几千里，还是清的，只是到了蒙古沙漠，继而到黄土高原，水才越来越昏黄。不止是河，人也一样，因为做的事不一样，选择的人生道路不一样，就分出了有人清白清廉，有人心灵污浊，良心泯灭。

谭彦对爸爸的话似懂非懂：怎么，人也跟河水一样，有清有混？

爸爸确信无疑地告诉他：当然有啊！就拿当官来说吧，自古以来就有清官和贪官之分，清官是以民为重，秉公执法，贪官就是不管老百姓死活，贪赃枉法。

谭彦点点头：我听妈妈说过，包公就是个大清官。他不怕皇后，不怕公主，不怕丢官，为秦香莲伸冤，铡了陈世美。

一直在旁边听着父子俩对话的谭彦妈妈接过话头：儿子，你长大了，要是当了官，可要当个清官啊！

谭彦不假思索：还用说吗，当然是清官。

谭彦还把包公戏从传说演绎到了家乡，舞台就在河边。

一天，谭彦、谭海、王景福在河边玩儿童团抓日本鬼子。玩腻了，谭彦说换个节目，演包公戏。谭彦先给大家讲了剧情，接着分派角色。因为谭彦是此事的主导者，他抢着当包公，他俩也没怎么反对。在谁演陈世美时，两人激烈推辞，最后只得以锤包锤来决定。谭海的"锤子"，敲定了王景福当坏蛋。

当演到包公铡陈世美的情节时，谭彦把扮演陈世美的王景福按到地上要开铡，王景福哀求道：算了算了，我不信包公敢不听皇后和公主的话。

谭彦已经心陷剧情，他义正词严，声色俱厉：陈世美不铡，秦香莲的冤怎么能伸？非铡不可！

此时"秦香莲"也出来说情：谭彦，咱是在演戏，别太当真了。

谭彦不依不饶：该铡不铡，这戏还有啥意思？

趁着谭彦与谭海理论，"陈世美"从地上爬起就跑，谭彦怒目切齿在后面紧追不舍，上演着谭彦版的"抓不住奸臣不杀戏……"。

1972年，谭彦的父亲调到县农业区划办公室工作，举家迁到县城。谭彦离开养育他十二年的小山村前，又一次去看望了高奶奶。把老人家的院里、屋里又仔细打扫一遍。临别那一幕，一生一世定格在一老一小的心里：谭彦倒退着脚，向扶着门框、老泪纵横的高奶奶依依挥别……

退出高奶奶的视线后，他又到无数次戏水、捉鱼的小河边，洗把手脸，捧起清甜的河水喝了个肚子圆。他恨不得把感情深厚的乡亲、割草打柴放牛的山山水水，一股脑装进书包里，背着乡情村景，走向对他来说非常陌生的山外世界。

谭彦转到县城东方红小学四年二班后，班主任邱丽敏老师安排他和邓云祥同学做同桌。

邓云祥做梦也没想到，这个日子会成为他生命中的转折点。

邓云祥父母相继去世后，他和哥哥姐姐一起生活。一个少爹没娘的孩子，没有良好的家教，放任中，自然会长出比同龄孩子更多的毛病。别人越看不起，他越发自暴自弃。学习成绩常在班里后三名徘徊。

谭彦一跟他坐同桌，他就调皮又自卑地问谭彦：你能跟我做几天同桌？

谭彦和气地回答：做多久，只有听老师安排呀。

邓云祥呲呲牙冷笑道：不见得，我这人招人烦，以前，我的同桌没超过两天的，都被我烦跑了。

尽管邓云祥说话的声调似乎很轻松，谭彦还是从他的眼神里，捕捉到暗含的自卑与隐痛。

在谭彦一点点知道他的家世后，处处关心他，温暖他，很快成了形影不离的朋友。

每天放学后，谭彦约他一起到自己家，给他补习在课堂上没学会的课程，再与他一起做作业。

这珍贵的友情，难能的相助，不仅使邓云祥的学习成绩直线上升，更重要的是，他赢得了老师同学的喜爱尊重，也重塑了做人的自尊，重树了向上的自信，重拾了童年应有的阳光心态。

谭彦丰沛的爱心、非凡的坚韧和至死不改的底层意识，既来自童年的农村生活经历，也与那个时代息息相关。

谭彦的初中时代，正倡导学生亦工亦农亦军。集安县属于山区，每到冬天，学校便组织学生参加农田基本建设，挖河道，修梯田，是学生们的一项必修课。

他读初中三年级的那年冬天，县一中全体师生到郊区农村帮农民修梯田。身兼班级团支部书记、班长、学校学生会主席的谭彦，更是拼着身子干。每天，天刚蒙蒙亮，他就扛着家伙，带着中午吃的干粮出发，晚上回来时，已是身披星光。

一天晚饭时，爸爸见他少言寡语低头吃饭，问他是不是太累了，连话都懒得说了。

谭彦告诉爸爸：不全是因为太累，而是心情不好，肚子里气不顺。

爸爸又问：谁给你气受了？

谭彦放下筷子，长长叹口气：没谁给我气受，是我自寻的。干活时，农民都在流汗出力，有人在挥镐时虎口都震裂了，个别干部却叼着烟卷，到处乱转，指手画脚。中午和农民一起围火烤干粮时，看到一位农民老大爷，穿着露脚趾的棉鞋裹着破旧棉袄，心里特别不是滋味。

在土地规划局工作的父亲，成年都往农村跑，何尝不知道这种境况呢，他深长地叹息一声：啥时候各级干部真正成为公仆，啥时候农民能过上丰衣足食的日子啊！咱是农民出身，你能对农民的艰辛、农民的不平感同身受，不愧是我的儿子。希望你一辈子不忘本，心里装着老百姓的疾苦。

谭彦深情庄严：爸爸，我会永远记住您的话。

# → 法官的大学

★ ★ ★ ★ ★

1977 年，中国走过漫长的十年历史歧途，回到正常的道路上。全国高考也在这一年得以恢复。谭彦梦想的翅膀，也在新时代的长风里舒展。

妈妈激励他：考大学，一定要考上大学！你们老谭家，从没有出过大学生，你爸念了个中专，就是最高学历了，儿啊，你要为娘争口气啊！

爸爸纠正妈妈的话：谭彦啊，考大学可不只是为了争口气，而是要树一个理想，为这个理想去奋斗。上了大学，不是为了得个学历，壮壮门面，而是要学到更多的真才实学，掌握更多的本领，更好地为人民奉献出力。

爸爸对谭彦强大的影响力，不仅因为他不断给儿子讲人间大道，更在于他对自己理念的忠实践行。一桩善行义举，比一千次道德说教更有说服力。谭彦钦敬爸爸，为有这样的爸爸自豪。

一天，谭彦放学回家，快到家门口时，被一个衣着朴素、一手拎着筐的老大爷拦住，向他打听县土地局谭局长家住哪个院。谭彦的爸爸因资历深，工作能力强，为人正派，升任县土地局长。

谭彦一听要找爸爸，高兴地把老人领到了家。老人看见谭彦爸爸，结结巴巴还没说清来意，委屈的眼泪就流向皱痕满布的脸上。谭彦的爸爸给老人端过一杯水，让他喝口水慢慢说。

老人诚惶诚恐接住茶杯，抹把眼泪，向谭彦爸爸申诉不平。

原来，乡里批给他家一块房基地，正准备盖房子时，他的生产队长仗势欺人，硬要把那块地给自己的小舅子。大爷一家自然不愿意，说欺人太甚，要到上头告状，讨个说法。

队长蛮横地扬言说：你愿意告，就告去。我不怕，乡里、县里我都有熟人，你蹦跶不出去。

大爷万般无奈，听人说谭局长办事公道，为人正义，就慕名找上门来。

谭彦的爸爸听着大爷的讲述，气愤难抑，不知不觉中，手里的烟也掐成了几截。他安慰老人说：你先回家吧，我明天就亲自调查处理。你放心，我会尽心尽力，尽早给你个公正满意的结果。

大爷感激万分，边忙不迭地说"好，好，好"，边从盖着布的筐里拿出一条烟两瓶酒说：我也没什么好给你的，就这点意思。

谭彦爸爸笑着按住大爷的手说：千万不要这样，你的心意我领了，绝不会收你的礼。收了你的礼，我办事心就虚了，秉公办事的人，不能拿人家的东西。你拿回去，留着盖房时招待大家吧。

老人过意不去：那让我怎么谢谭局长呢？

谭彦爸爸拍着大爷的肩膀：谢什么呀，我在这个岗位上，是分内事。

老人拎着筐走到门外，还在重复发自内心的感慨：我有运气啊，遇到清官了。

谭彦看了这幕让他心潮难平的人生活剧后，夜里久久难以入眠。他想了很多，想到生活在底层的工人、农民，那些普通老百姓的疾苦和无助，甚至还想到了儿时玩的包公游戏。他决心像父亲那样做人，像父亲那样做事。在万籁俱寂的夜晚，富有使命感的谭彦暗暗发誓：我一定要考上大学，一定要考一所能当法官的大学。

在追梦的路上，风正一帆悬，顺利抵彼岸的时候，比充满迂回波折的航程要少很多。

从上高中开始，谭彦的学习就一路凯歌，没有出过前五名，可高考时却马失前蹄，以7分之差，跌倒在大学校门之外。

1979年8月的一天，当高考的谜底揭晓时，老师、同学无不大感意外，谭彦的父母倍感遗憾，谭彦自己更是一时难以接受这个现实。

他坐在操场边一棵大树荫下，两手捧头，懊丧不已。

班主任李新山老师走过来，谭彦抬头看一眼李老师，泪水唰唰直流。

李老师蹲下来，拍着他的肩膀劝慰道：你的基础不错，没考好，是出乎意料，好好总结一下，再复读一年，考上大学没有问题。

谭彦抹把眼泪：复读一年再考，多丢人啊。

李老师语重心长地开导他：谭彦哪，人一生中，有时是顺境，有时是逆境，都很正常，逆水行舟，非咬紧牙关坚持下去不可。

在老师的激励开导下，谭彦脸上云开日出，重燃希望之火，他充满自信地表示：我会再次起飞，飞得更高更远！

那个夏天，在鸭绿江边，谭彦看着江面的景象，得到深刻的启示。江上有机动船，也有靠双桨驱动的古老船只。特别是靠桨驱动、逆水而行的船只，有时被浪头打得摇摇摆摆，险象环生，然而，在船家不屈不挠的奋桨下，一次次冲过激流险滩，破浪前行，最终在他钦敬的目送下，驶向远方的天水相接处。他瞩望着远去的小船暗自发誓：不管以后自己的命运之船还会遇到怎样的逆流、风雨，都不会动摇他驶向理想彼岸的信心。

谭彦废寝忘食地复读一年后，迎来一年一度的高考。他在填写高考志愿表时，郑重地把吉林大学法律系列为第一志愿。

班主任孙树勋老师好意提醒他：谭彦，社会这么复杂，搞法律，当法官，可是有很多挑战和考验啊。

谭彦向老师明志：用法律维护社会公正，是我的理想。不管未来这条路多难走，只要能为老百姓办事，我什么都不怕。

听谭彦这番话，孙老师为这样有胸怀、有抱负的学生感到欣慰。他握着谭彦的手赞赏着、祈愿着：你真难得啊！祝你的理想成为现实。

孙老师的祝愿，谭彦的梦想，在 1980 年 8 月一个阳光灿烂的日子变为现实。在全校考生中，谭彦以总分第二的成绩，被吉林大学法律系录取。

谭彦的人生轨迹，总是伴随着曲折跌宕。当他怀揣录取通知书，满怀喜悦地到吉林大学报到后，在进行身体复检时，他的肺部检查出有结核病灶。虽然不算严重，辅导老师代表学校劝他休学一年，待养好病，再与明年的新生一起入学。

这事搁到谁身上，都不可能平静接受，都是个不小的挫折。谭彦坚持带病上学，说自己的病没什么大不了的。

老师极负责任地劝他：你的病是不太严重，但最好是治好，如果不钙化，遇到机会就会复发。你休学一年，把身体养好，明年健健康康地来上学，多好啊。

谭彦最终还是答应休学了。休学后，他很快以超然乐观战胜挫折感，积极治疗，坚持各项体育锻炼，三个月后再到医院透视，病症已经消失。

虽然是"休学"，恢复健康的谭彦却借此机会，入迷地阅读了大量中外文学名著。文学的美感、文学的人道光芒穿越国界，穿越历史，照亮谭彦的灵魂，滋养他的心灵。

1981 年 9 月 1 日，休学一年的谭彦再次走进吉林大学。如今的谭彦已非昨日的谭彦，他不仅身体健康，精神饱满，内心世界也更加广阔，意志也更为坚韧刚毅。

大学里的谭彦，不仅专业课优良，而且对所有知识领域都充满探索的热情。图书馆是他最待得住的地方。古今中外，哲学、文学、社会学，他都如饥似渴地阅读吸纳。有时在知识的海洋中潜得太深，用心太专，竟忘记了饥渴和时间，从一大早进去，直到深夜图书管理员提醒清场闭馆才出来。

他草草吃点东西回到宿舍，掏出读书笔记，和同学们分享他摘抄的精彩段落和即时感想——

英国大戏剧家莎士比亚说：生命是一只织梭。

塞万提斯说：只要有生命，就会有希望。

杰克·伦敦说：生命犹如一朵火焰，渐渐烧尽自己。但当一个孩子新生了，它就得到一个新的火苗。

谭彦喝口水润润嗓子，崔洪志极口称赞又急不可耐：哲学家的深刻，文学家的优美，大智大美！快接着念哪！

谭彦卖了个关子：念快了怕撑坏你的耳朵。

他们的寝室共住有十三个人。谭彦是寝室长，受他的影响，虽然来自天南地北，说话南腔北调，大家却相处得情同手足。

那时大家手头都不宽裕，为了同室的日常生活方便，谭彦就和学校的商店协商，由他们寝室的同学替商店卖一些汽水，用赚的钱，相继添置了晾衣架、象棋、乒乓球拍、羽毛球拍。使寝室的生活有声有色，让其他寝室的同学羡慕不已。

正是得益于这样的情谊和氛围，奠定了他们日后成为长春市所有大专院校名列第一的文明卫生寝室。

评比前，谭彦和室友交流：明天虽然是星期天，大家就不要自由活动了，集中力量搞寝室卫生，迎接长春市各大院校的卫生统一评比检查。

崔洪志率先表示：咱们搞个纤尘不染，在全校露他一脸。

于欣比崔洪志想得更大：在全校露一手目标太低，我们冲出吉大，拿他个长春市的第一名。

谭彦接过于欣的话：我们不仅要有争第一的想法，更要下拿第一的大功夫。

第二天一大早,有人把桌椅和床搬到室外,仔细擦洗;有人打扫天花板和墙壁;有人美化门窗;有人用洗衣粉一遍一遍地洗刷水泥地面。待一切收拾停当,于欣之前追求的"纤尘不染",一点也不虚饰。

谭彦的认真、大家的付出很快得到酬报:他们的寝室不仅获得吉大第一名,在长春市各大院校的联合检查中,又一举获得第一名,并树为大学生模范寝室。各大院校纷纷组织寝室长前来参观。

为了尽早地接触现实生活,让法律知识运用到社会实践中去,法律系的学生成立了法学会,利用节假日的时间,走上街头,为人民群众做法律咨询服务。

星期天又到了,谭彦和几个同学搬了张课桌,一大早就到校门外的人行道旁为民服务。

谭彦他们在"义务法律咨询"的横幅下坐下不久,就有人围过来,有的咨询财产继承,有的求解婚姻法,还有的探寻有关量刑的问题。

一个满头白发、一脸沧桑的老大娘胆怯地来到谭彦跟前,因为太紧张,几番欲言又止。谭彦站起来,把椅子让给老大娘坐,和蔼地问她有什么难处需要帮助。

大娘心神安定后,给谭彦诉说了自家的冤屈:她家有一处房子,由他丈夫租给别人住了多年。前年她丈夫不幸去世后,租房的人就不给租金了。她儿子找人家讨债,那人不仅分文不给,还空口说白话,胡诌说她丈夫已经把那房子卖给他了。现在不要说租金,连房权都没有了。说着说着,大娘的泪就下来了。

谭彦安慰她:大娘,只要你说的是实话,你的房子天皇老子也赖不走。你家有房证吗?

大娘肯定地回答:有啊,有房证。在我家柜子里放着哪。

谭彦义愤难平:他们连房证都没有,凭什么说卖给他们了呢?

大娘叹息道:他昧着良心说,我家老头子当时没找到房证,等找到了再给他。

谭彦问道:你们没到相关部门说说曲直?

大娘止住的眼泪又涌出来:孩子,你不懂啊,人家街道办事处和区里都有人,就硬说卖给他了,咱没钱没势,哭天抹泪啊!

谭彦越听越气,禁不住拍着桌子低声怒斥:什么街道办事处?人民给了他们权力,难道是让他们为虎作伥、欺压百姓的!这个官司我帮你打!

谭彦当即随大娘去看了她家的房证,确认情况属实。他回校熬了个通宵,代大娘写了起诉书,长春市人民法院受理了这个案子。让大娘两年来寝食不安的窝心事,在谭彦的帮助下得以了结。

这场官司虽然不算太曲折,但作为法律系学生、未来法官的谭彦,是难忘的,因为这是他有生第一次用法律武器捍卫公平正义,第一次为民伸冤。

# 生命的圣火

# → 青春，无愧崇高的理想

★★★★★

　　1984 年 9 月初，谭彦和十几名同学来大连市中级人民法院毕业实习。他和两名同学分到了经济庭。审判员张泽海做谭彦的"师傅"。在两个月的实习中，"师傅"对法律的忠实，思维的缜密，处事的周全和父母对孩子般的细心关爱，给谭彦留下终生难忘的记忆。

　　实习结束时，张泽海对谭彦非常满意，寄予厚望。他依依不舍地说：谭彦哪，我舍不得你走啊。实习这段日子，你的书记员工作做得非常好，大家都说你实在、稳重、扎实，业务能力强。我敢说，你将来毕业无论到哪里，都一定会成为好法官的。

　　谭彦在实习期间留下的良好口碑，使他与大连审判事业结下终生之缘。

　　1985 年 6 月，大连市中级人民法院专门派人赴吉林大学法律系，把前期在大连中院实习时表现突出的应届毕业生，招揽到中院。临行前院领导特别叮嘱："谭彦必须要来。"

　　谭彦和另外三名同学被大连中院选中。

　　到他实习过、令他终生难忘的大连中院工作，是他殷切的期盼。按学校的规定和中院的要求，毕业生可以在一个月的暑假后到工作单位报到。四年的大学生活结束了，是一个人生阶段的结束，也是下一个人生阶段的起程。人各有选择，各有轻重。有同学急不可耐地回乡探望父母，有人想借此机会游历名山胜水。谭彦却急急火火要去大连中院报到，要早一点见到他日夜思念的"师傅"。

1985年6月29日，同学们相继离校那天晚上，谭彦登上了长春开往大连的火车。次日，举止优雅、英气勃勃的谭彦就到中院报到了。

他正式分配到经济庭。

他一出现在经济庭办公室，庭长洪绍兴不胜惊讶："不是说你们一个月之后才来报到吗？"

谭彦说："急着见大家。"

"师傅"问："你是不是没回家，直接从学校来的？"

谭彦点点头。

洪庭长说："以后要在这里干一辈子，既然报过到了，大家也见过面了，你回去看看父母吧。"

谭彦8月初从集安老家返回大连后，人事处长找他，就他的工作安排征求他的意见：大连正在建设开发区，市人大决定成立开发区法院筹备组。院领导想派他去开发区筹备组工作。那里一切刚刚开始，很艰苦，连一间办公室都没有。领导会尊重他的意见和选择。

谭彦毫不犹豫，决然回答："我年轻，苦点不怕，坚决去！"

人事处长让他再好好考虑一下，他义无反顾："不用再考虑了，我去！"

经济庭的人都不愿让谭彦走，让庭长再跟他谈谈，尽力挽留住他：既然是征求意见，你就不要去。那里现在连一间办公室都没有，何必争着到那里吃苦受罪。

谭彦诚心诚意表示：我是大山里走出的孩子，我不怕吃苦，再苦再累，我也能扛得住。再说了，我不去总得有人去呀。

是征询意见而不是已经决定的可选择性时机，艰苦条件的真实相告，真情意切的挽留，推心置腹的劝说，都改变不了他去开发区的决心。他满怀激情，走向困难重重又充满无限希望的土地。

1985年7月，已被任命为大连中院书记员的谭彦，告别大连市区的繁华，奔赴巨变中的小渔村——中国第一个经济开发区。

1984年10月15日，大连经济技术开发区在国家级开发区中第一个正式奠基建设。

大连开发区地处辽东半岛南端，东与金州登沙河镇相连；西与甘井子区大连湾毗邻；南濒黄海，与长山列岛隔海相望；北依大黑山，与金州区接壤。

昔日的马桥子村、凤岩村、黑山村和红岩村，已经成为如今的"神州第一开发区"。荒草包围、篱笆墙上搭着烂渔网的偏僻落后的渔村，已经在记忆中远去，一个集现代化、国际化、综合性于一体的新城区，在黄海之滨横空出世。这块土地，不仅仅拉开了全国建设经济开发区的序幕，也打开了辽宁眺望世界的窗口。如果说，在中国改革开放的历史上，经济特区的壮丽诗篇是从深圳揭幕的，那么，经济技术开发区的第一声挺进号角，则是从马桥子小渔村吹响的。

然而，谭彦当初看到的，还只是田间地头上插的一块块木牌，区政府、法院大楼、宾馆、邮电大楼、银行、写字楼等标志性建筑，都还在木牌上写着。除了荒滩上新竖起的塔吊，芦苇丛中穿梭的推土机外，尚无任何基础设施。

由于没有办公室也没有栖身之处，谭彦暂住距开发区10公里远的金县法院，有时参加那里的审判工作，有时骑着自行车到开发区的乡村、新建单位深入走访，为筹建区法院搜集第一手宝贵资料。

1987年4月，大连中院在开发区设立审判庭。租来的七间简易房，既是审判庭和筹备组的办公地点，也是他们的住处。谭彦一把行李放进低矮潮湿的简易房，就和同伴一起舞刀挥镰，清除房前屋后比人还高的芜草。室内夏热冬寒……春季海风强劲，顶风行走得弯腰前倾；夏季蚊虫猖獗，每个人身上布满密密麻麻的斑点，奇痒难忍；秋季遇上连阴雨，被褥潮湿得长白毛；冬天是最考验人的耐寒力的。屋里没有暖气，室内气温常在零度以下。没有自来水，吃水要靠手提肩挑；外出办案没有机动车，靠自行车和两条腿奔波。

野菜，曾经充填过谭彦幼年的饥腹。一天，在从金州到开发区的路上，他又看到"旧恩主"苦苦菜的后代，他挖一些，晚饭时与同事们一起吃。

那年冬天，西伯利亚寒流突然而至，北风挟裹着大雪，冰封了大地，阻断了交通，辽东半岛深陷在严寒肆虐中。谭彦、肖本贵庭长、赵秋实等几个单身汉，被暴风雪困在一间简易房里。

夜里冻得睡不着，索性爬起来，各自围着被子，轮着讲"暖和事"。虽然有记忆中把嘴烫出燎泡的羊肉汤，有春风吹得游人醉诗意，依然消解不了彻骨之寒。只有冻出了灵感，他们背对背靠在一起取暖，寒意才退去一些。

随着日后谭彦的事迹闻名遐迩，各方公认：谭彦精神，不是一座孤峰，在他身上，浓缩、升华了开发区一代拓荒者的群体精神。

2012年12月12日笔者采访时，开发区拓荒一族于怀江先生追忆道：1985年初来开发区时，连区委筹建处办公、住宿的平房，都是"干打垒"——因为简易房的砖以后还要扒掉再用，连墙面都没有用黄泥抹严。冬天，尖厉的寒风从砖缝刺进来，墙壁结霜。人戴着棉帽子睡觉。由于不断呼出潮气，在被头上结成一层薄霜。

吃饭时跟民工一样，一人找个地方一蹲。最早的拓荒者，住的是"知识青年上山下乡接受贫下中农再教育"时代遗留下的老屋，还有人民公社时期残存的牛棚。

没有八小时工作制这一说。只有上炕下炕——夜里集体睡大炕，下炕开始工作，直到再上炕睡觉。有的年轻人因为调到开发区工作，被低看成"下放农村"，处的女友都黄了。

开发区法院筹备组在艰难中前进。1987年4月，首次有了自己的办公室。虽然是租来的几间简易房，总算有个落脚之地了。

1987年9月23日是开发区法院具有历史意义的日子。这一天，正式成立了大连市中级人民法院经济技术开发区审判庭。

开发区审判庭负责全区刑事、民事、经济、行政等审判工作。由于新单位急剧增多，流动人口日众，各种社会矛盾交织，利益格局骤变，审理的案件迅速增加。有时一天要开两个庭。那年岁末，全庭五名审判员，负责记录和整理卷宗的书记员只有谭彦一人。这和正常情况下一个书记员配合一至二名审判员的工作相比，谭彦等于多承担了三倍以上的重担。即使这样，他还额外分管内勤和材料综合等事项。面对这一切，他无怨无悔，默默地夜以继日地超负荷工作。

由于没日没夜地忙于工作，谭彦早已到了婚恋的季节，但爱的枝头依然无花无果。他不着急，身边的领导、同事却替他着急，不断为他穿针引线。可惜缘分不到，他还是没离开单身一族。

冥冥之中，一个有缘走进他生命、注定与他生死相守的姑娘，正在向他走来。

如果说谭彦是在极度繁忙中没时间没机会涉足爱情，贾丽娜却是在无忧无虑、自己还不把自己当大人时，一不留神成了大人。正是由于各自都错过最佳恋爱季节，才埋下他们携手的机缘。

贾丽娜很幸运，自小受到父母的宠爱，哥哥、姐姐们的呵护。直到上初中，还不会洗衣服刷碗。

母亲王延芳责怪丈夫贾庆印，说他把小女儿宠坏了。

做父亲的反驳：你宠得最厉害。

要说从来不知愁滋味的贾丽娜真的被宠坏了，她的哥哥姐姐们谁也脱不了干系。她在外头受一点委屈，哥哥恨不得拼了命给她撑腰出气；饭后她想收拾碗筷，早被姐姐挡在一边。

贾庆印不仅当过乡镇领导，还是大连市劳动模范，父亲的光环，挡都挡不住，自然会折射到子女身上，这使本来就长得娇小甜美、能歌善舞的贾丽娜愈发人见人爱。

她高中毕业后参加了成人高考，考上了大连市机械工业职工大学，毕业后到开发区一家合资企业工作。

爱美的姑娘自然爱穿漂亮衣服，贾丽娜也不例外。即使自己上班后有了工资，还不把自己当大人，把自己的工资花光了，毫不难为情地向家里要。

快乐的大姑娘找不到一个理想的男朋友，很让父母心焦，也让朋友替她着急。她的同事迟大姐一下给她物色到两个候选人：开发区法院有两个小伙子，都是吉林大学毕业的。个头一个高一个矮，看她见哪个。

贾丽娜自己个子矮，想找个头高的男子。哪个女人不期待有个伟岸丈夫来呵护依靠呢。个子1.76米的谭彦占了先机。

他们一开篇，谭彦就"吃亏"了。在谭彦毫不知情的情况下，被贾丽娜偷偷"相"了一回。

迟大姐和贾丽娜假装从开发区审判庭门口经过，"巧遇"上班的谭彦。迟大姐上前寒暄，贾丽娜在一边偷看。离开"巧遇现场"后，迟大姐问她啥印象，她说没好意思太盯着人家看，好像个头挺高的。

两天后，他们在一间办公室里第一次正式见面。

他们恋爱开始并不浪漫。贾丽娜回忆第一次见面的情景，感到有点像"法庭问案"，他问一句，她答一句。为了打破"问案"气氛，贾丽娜随手拿起办公桌上的纸笔，漫不经心地记录着他们的"恋爱问答"。

正是贾丽娜不经意间留下的"墨宝"，燃起了谭彦的热情。

谭彦心中理想的妻子：要懂点音乐，他认为懂音乐的人气质好；懂点剪裁，懂剪裁的人做事干净利落；文化素质要高，字要写得好，字如其人，字好人秀。

第一次见面，虽然贾丽娜没到展示自己才智惠美的时机，一手娟秀的钢笔字，无意间抓了大彩。

如果说谭彦与贾丽娜算不上一见钟情，他与岳父贾庆印真是"一见钟情"。贾庆印与未来女婿第一次见面，精神境界、品味秉性的相同，使老人惊喜不已：真是不是一家人，不进一家门哪！

在一席推心置腹的倾谈后他欣然断定：谭彦是个一辈子只知道好好拉车，拼命干活的人。

1988年仲春，当海风染绿芳草，艳阳遍吻百花时节，他们的爱情之花也要结果了。他们一边在海滩捡海虹，一边采撷爱情的果实。他们商定在五四青年节结婚。

1988 年 4 月 30 日，贾父、贾母、大哥贾立夫、二姐贾丽君、弟弟贾立伟，送贾丽娜远赴谭彦的老家吉林省集安县举行婚礼。旅途中，王延芳一再叮嘱：在集安举行了婚礼，谭彦、丽娜就要回开发区安家过日子了。你们当哥当姐当弟弟的，可要多帮助他们。谭彦家人又不在大连，丽娜从小娇生惯养，没你们帮忙照应可不行。

贾立伟表示：我姐和姐夫就是咱家的人，跟老姐没出嫁时一样，他们的事就是我的事。

贾立夫纠正道：什么你的事？是咱全家的事！

贾母听着深感安慰：听你们这么说，我这心里少了嫁出丽娜的空落，就当招赘个女婿，又多一个儿子。

从恋爱到结婚，也就半年多时间，贾丽娜对谭彦的认识，还说不上全面。婚礼前后，在谭彦故乡住的那段日子，她从来访的小学、中学、大学同学嘴里，从各个时期的班主任、校长的评说中，从亲戚邻里的夸赞中，愈发确证自己与谭彦结成伉俪，是多么值得。她听得越多，自豪感、幸福感在她心怀愈加充盈。

特意从乡下赶到县城参加婚礼的谭海说："谭彦从小就想当个'包公'，因为他脸长得白净，不是黑脸'包公'，是白脸'包公'。"

小学同学邓云祥在赞美谭彦时，幽默地道出了他今生今世永远也实现不了的梦想——

"大嫂，你找谭彦可是找对了，他从小就学习好，还热心帮助人。我要是个女的，非千方百计追他不可。"

贾丽娜一脸甜蜜："他真的有你说的那么好吗？"

邓云祥发誓一样指指天又指着周围贺喜的人说："天地良心！你问他们，我可没有半句假话。"

谭彦的一个中学同学接过话头："我不像邓云祥，还要搬出老天爷帮忙做证，我的灵魂和我的肉体做证就足够了。谭彦不只心好，学习好，艺术细胞也很发达。1977 年寒假放假时，学校文艺汇演，我俩合说相声时，掌声赚大去了。"

因为这个同学说话时就带着"相声味",贾丽娜将信将疑地问谭彦:"你真的会说相声?"

谭彦点点头:"完了,我在你跟前没一点儿神秘感了,他们把我的家底儿全抖出来了。"

浪漫的恋爱,只是一个生命季节;蜜月的热烈醉人,只是漫长人生中的一场爱情盛宴。季节是要变换的,盛宴更不可能永续。他们的新房,是一间简易房,他们的家具,与简易房十分般配。简易房内盘着土炕,用于冬日取暖,夏天驱潮。

从没操持过家务的贾丽娜,一融进实实在在的"人间烟火",不会持家的她立马露馅。

不善理家倒给了谭彦表达爱情的机会,每天下班,家务活都被谭彦包揽下来。不过贾丽娜并不心安理得看丈夫做饭、烧炕,她常常会以自己美妙的歌声,给谭彦助阵加油,送情致爱。当简易房上伸出的烟囱里冒出的一缕青烟被南来的海风吹成缕缕絮絮,陋室里荡漾着贾丽娜深情悦耳的《炊烟又起》时,真叫人羡叹,这对夫妻能把如此清寒的生活,经营得如诗如歌。

一天,贾丽娜也想一试身手。她见谭彦总把炉火烧得旺旺的,以为学到真经了,也要显显本事,干干烧炕的活。她一点着火,滚滚浓烟不走烟道,从灶口折头向她扑来。她咳声连连,流鼻涕抹眼泪逃向屋外。谭彦跟出来坏笑着开涮:啊,烧炕比看悲情戏更叫你动情,一把火没烧完,就把你感动得热泪盈眶。

贾丽娜给他一捶:幸灾乐祸!你手把手教我怎么烧的。

谭彦继续拿她寻开心:那你得交学费。你去捡一把柴火充学费。

待贾丽娜捡回一把柴火,双双蹲在灶坑前,谭彦一板一眼展示烧炕技巧。他点燃一团柴草后,用长火棍送到灶塘深处,再用扇子轻轻扇动,跳跃的火苗愈来愈旺,而烟乖乖去了烟道。

贾丽娜心有不平:火怎么偏跟我过不去?

谭彦告诉她其中的奥秘：一天没烧炕了，炕道里有冷气，得让烟先把冷气顶出去，烟囱冒烟了，灶坑就不倒烟了。

优良的住所是冬暖夏凉，简易房正好相反：冬冷夏热。夏天下班回来，屋里比外头还热，得先打开门窗、电扇，让"蒸笼"降降温，才能进去。冬天就更不堪回首了。一个冰凝大地的早晨，贾丽娜发现新买不久的电冰箱停止工作了，她怀疑出了故障。谭彦看看说：冰箱没出毛病，是天太冷，环境温度低于冰箱制冷的温度，导致智能设置自动关机。

在这间租来的简易房里，在他们第一个爱巢里，度过了他们一生最甜美的时光。在这里，有过刻骨铭心的相爱相守，也有过苦乐交融的暖春寒冬。正是这间在现实中早已消失、永远存留在他们记忆中的小屋里，结下了爱情的果实——他们的儿子在这里孕育，谭彦在这里成为父亲，贾丽娜在这里成为母亲。

## ➡ 意志，铸就钢铁般品性

★★★★★

1988 年，还是书记员的谭彦，一个人要为五名法官当助手，承担着超负荷的工作量。书记员人手不够，还不是他一人当五人用的全部原因。那时，开发区法院处于初创阶段，本地人打官司好用方言土语，天南地北的外来者不少人讲"鸟语"，不好听懂，也就不好记录。为尽快克服这一难题，谭彦抓紧学习各地语言和本地方言，很快掌握了各种语言特点。所以法官办案开庭，都愿意让谭彦当书记员。

从经济庭庭长与审判员宋宪德下面的对话中，不难看出谭彦这个时期忙到什么地步，他在大家心中的分量——

肖庭长：老宋，你那案子啥时开庭？

宋宪德：我都准备好了，这不等书记员谭彦呢，他和老王出庭了。

肖庭长：这段时间可忙坏了谭彦，本来是两个书记员，小赵这一去贵州学习，就只剩下谭彦一人了。

宋宪德：可不是嘛，咱们审判员有五人，书记员就他一人，不管哪个审判员出庭，都得他跟着去。我们两三天出一次庭，他一天就得出两三次庭，忙时一天出过五次庭。

肖庭长：真是难得啊！重点大学毕业，还特别谦虚好学，工作多重毫无怨言。

宋宪德：他工作真是一丝不苟，不管一天出多少次庭，法庭记录得完整、准确、简练。

肖庭长：我们太缺少他这样的人了。

宋宪德：我听着老王那个庭散了，该我的了。

宋宪德结束了与肖庭长的对话，向谭彦的办公室走，一进门，就看到谭彦正拿着药瓶往外倒药。宋宪德关切地问：病重了吧？

谭彦强打精神笑笑回答：感冒好几天了，吃点药就顶过去了，没啥大不了的。

宋宪德上前摸摸谭彦的额头后一皱眉：谭彦，你发烧啦！

谭彦不以为然：不要紧，这不，我吃的就是退烧药吗。

宋宪德：谭彦，你可不能这样挺啊！要不……

谭彦不等他把话说完，拿起记录本，拉住宋宪德的胳膊：走吧，开庭去。

患过肺结核的谭彦比谁心里都清楚：长期在艰苦条件下透支体力意味着什么。然而，为了他热爱、忠诚的神圣职业，他把自己的健康置之度外。有过肺结核病史的人最怕感冒发烧，谭彦何尝不知道这个常识？

他感冒了，连日发烧不退，他依然一声不吭坚持上班。他能瞒住领导同事，却瞒不住妻子贾丽娜。步入怀孕后期的贾丽娜嗔怪他不爱惜自己，求他、逼他到医院诊治，谭彦总是感激着拒绝："班上太忙，案子太多，以后再说吧。"

就是在他带病上班的日子里，他一下班回到家，见妻子干一点轻活，哪怕是摘个菜，他也不忍：丽娜，你现在行动不便，什么事都别沾手。

他脚下发着虚，吃力地、晃晃悠悠地把水担回来，一放下水桶，就忙着淘米洗菜，做饭炒菜。丽娜看他这个样子还这么悉心呵护自己，爱的暖流化作心中的春水，冲决心岸，扑向心窗，打湿睫毛……

妻子的预产期越来越近，在这种特别时期，他仍在持续发烧。那个冬天异常寒冷，他家的陋室四壁结霜，连电冰箱的压缩机都冻得不转了。他不得不把妻子送回娘家住，自己独守"冰屋"。在之后的20多天里，他忍着连续不退的高烧，白天坚持上班，晚上在瑟瑟发抖中，整理材料、阅读卷宗、撰写判词……

贾丽娜不放心，不时从娘家回来，与谭彦共度寒夜。

1989年3月2日早晨，头天开始的降雪还没有停。起床时，贾丽娜见谭彦一下床就打了个趔趄，就扶他一把，并顺手摸摸他的额头。她一摸禁不住惊叫：哎呀妈呀，好烫！

谭彦不以为然苦笑道：不用这么一惊一乍的，哪天不是这样。

谭彦吃了几片退烧药，就坚持着做早饭。他看到坐在床边的妻子突然一皱眉头又捂住肚子，关切地问：丽娜，哪不舒服？

贾丽娜点点头：肚子猛然疼一阵儿。我算了一下，预产期就这几天了。我今天不能再上班了，怕出意外。你也跟单位请个假，陪陪我。

肖庭长在电话里听了贾丽娜的情况，特别叮嘱谭彦：你今天也不要上班了，陪妻子做做临产检查。你也感冒发烧多日了，也借这个机会去医院瞧瞧，抓紧治一治。要用车时，随时给我打电话。

谭彦没让肖庭长派车，与妻子冒雪搭乘公共汽车去医院检查。在汽车上，谭彦坐不稳，半闭着眼睛，头无力地倚在靠背上，似睡似醒。贾丽娜再摸摸谭彦的额头，比起床时更烫。无论贾丽娜多心疼谭彦，分娩在即的她，实在没有能力先给谭彦看病，更不能让谭彦陪自己去医院检查了。她决定先回娘家，看看能不能让妈妈陪自己去检查，爸爸带谭彦看病。

下车后，两人在风雪交加中，相互搀扶着来到贾丽娜娘家。王延芳开门看到女儿女婿这个样子，先愣了一会儿，才眼泪汪汪地去扶丽娜。女儿却把她搀着的谭彦的胳膊递给妈妈，自己扶着门框直喘粗气。贾庆印急忙

▷ 谭彦在看杂志

上来，把爱女扶到床上。

倒在床上的谭彦咳得缩成一团，岳父岳母正手忙脚乱给谭彦找药倒水，应该是刚才扶谭彦用力过劲，贾丽娜肚里一阵剧痛，她忍不住呻吟一声：哎呀——快送我去医院！

接到电话的肖庭长，与司机一起火速赶来。

这是一次怎样的离别啊！贾丽娜从妈妈屋里忍着阵痛被人扶出时，她挣扎着到谭彦躺着的房间跟他告个别。贾丽娜看着谭彦病成那样又爱莫能助，痛惜的眼泪潸潸而下。

被持续高烧、剧咳不止折腾得晕晕乎乎痛苦万状的谭彦，见丽娜来到床前，不用说陪妻子去医院了，连挥挥手告别、说一句安慰话的气力都没了。他只是用无神散乱的目光看了一眼妻子，连凝神目送的本事都没了。

把贾丽娜送到医院后，岳父动员谭彦去医院看病。他坚决不肯。虽然他烧得昏昏沉沉，但理性并没有烧毁。爱妻生孩子自己尽不了一点责任，把事都压在岳父家身上，他已经够愧疚了，自己这个时候实在不能再添麻烦了。

在医院里，无论贾丽娜多豁达，她在待产房里听见看见的景象，还是不禁使她落寞伤感，甚至有几分凄楚。除了自己，所有的准妈妈，都有丈夫陪伴。产前阵痛，是女人生命中最难闯的关坎，在撕肌裂骨的难忍时刻，丈夫虽然不能替代，但能在闯关时替爱人擦把汗，拭去泪，却是无可替代、最有效用的止痛良药。

为她接生的是贾丽娜二姐的同学。她见丽娜娇小文静，又没丈夫在场助阵给力，怕她挺不住，就悄悄给丽娜递话：丽娜，你也听到了，有的产妇嚎叫得不像人声。到时候你要是扛不住，想哭就哭，想叫就叫，这种事，哭了叫了也不算丢脸。

贾丽娜在整个产程中的超常承受力，让这位大夫惊叹不已。在儿子与她分体那一刻，疼痛超越了她的忍受力，她也只是压抑着叫了一声：我的妈呀——

把她推出产房时，一个护士向贾丽娜伸伸拇指：大姐，你真行！

贾丽娜只是微微苦笑，无言回应别人的夸赞。她内心里另有回答：我行什么呀？丈夫不在身边，我只能自己挺住，我叫喊给谁听呢？

周遭对贾丽娜的刺痛无处不在。她虽然不缺家人的关爱，甚至比别人享有得更多，但在生孩子这种事上，丈夫的呵护心疼，跟别人的关心照顾大不一样。

同样是从产房出来，一个产妇像英雄凯旋。那个做丈夫的见妻子被护士推回来，笑眯眯迎上前：回来啦我的功臣！

那女人倦怠又娇滴地伸出手，让丈夫扶她一把。丈夫做得更有情，他把妻子抱起，轻轻放在床上。那份"轻拿轻放"，好像妻子不是骨肉之躯，而是枸薄易碎、无比珍贵的瓷器。轻拿轻放还觉得没做到家，又顺势在妻子脸颊深情一吻……

贾丽娜不能再看了，她翻过身面墙而卧，怕别人看到她羡慕中伴着失落感的清泪。

在她当上妈妈的第一个夜晚,贾丽娜思绪纷繁,难以入眠。挥之不去的,是她离家时谭彦的病情。她知道, 她理解, 她深信: 只要谭彦还有一点气力, 决不会那样与她告别。一家人当时只顾她了, 为啥自己没坚持先送谭彦去医院? 万一谭彦出什么意外, 孤儿寡母将怎样面对那无边无际的悲戚来日……

她在"度夜如年"的思虑中,迎来新的一天。天一亮,她就强烈要求出院,她要尽早、尽快, 亲自把谭彦"逼进"医院治疗。

肖庭长派车接贾丽娜出院。来接丽娜的是母亲、二姐和二姐夫。二姐夫见丽娜下床困难, 执意要背丽娜下楼: 丽娜, 我刚才上楼时, 见别的产妇出院都是男人背着, 谭彦不能来, 我背你吧。

贾丽娜说自己能走,不劳累姐夫,她在母亲和二姐的搀扶下下楼上车,直奔新港娘家。

岳母抱着孩子进门就喊:谭彦, 快起来! 看看你的大胖儿子!

从得知妻子怀孕那天起,谭彦就想象着当了爸爸会怎样惊喜, 如何幸福快乐得一塌糊涂。然而, 当他梦寐以求的美梦变成现实之日, 当活脱脱的新生命从他梦境中真的来到他眼前时, 他已无力惊喜, 只是在床上欠欠身, 目光迷离地看了一眼, 就又软面条样平倒在床, 闭上眼睛。

贾立娜看到谭彦惊怔得一时无语,司机李永春上前摸一下谭彦的额头大吃一惊:这么烫还了得, 快去医院!

不顾谭彦烧得嘴唇起泡的嘴里发出"没事……没事"的微弱声音, 大家把谭彦扶起来, 把他架到车上, 向大连五院飞驰。

透视结果令大夫震惊,他问李永春:这是你们单位的人? 你看看, 这哪是肺了, 快成蜘蛛网了! 怎么才来?

李永春叹口气:都高烧二十多天了, 还在拼命工作。要不是站不起来了,他还不会来。

医生摇头惋叹：来晚了，来太晚了，已经把肺烧坏了，坏得难以挽救！

李永春不愿相信情况如此严重：真的难以挽救？

医生拿着透视片给李永春释疑：肉眼就能看到，两片肺叶上有许多个空洞，其中最大的如同鸭蛋大小，就连拳头大的好地方都没有。他以前就有肺结核病灶，由于长时间高烧，恶化为"慢性纤维空洞型肺结核"。这是肺结核病中最严重的一种，也可以说是不治之症。

李永春还是不忍相信这个诊断：会不会有奇迹？有的癌症不是也攻破了？

医生一脸沉重和无奈：我是说，通常在全休式住院治疗的情况下，这种病的患者最多能活五年。当然也不能彻底排除出现奇迹。

李永春年龄比谭彦大。平日，谭彦视他为兄长，对他敬重有加，他也非常钦佩谭彦的工作和为人。他一听医生说谭彦最多可能再活五年，心里一下子比外面的积雪还凉。他不顾一天劳累，连夜又赶到贾家，希望家人好好说服谭彦，千万不能像以前那样，好转一点就从医院"逃走"。一个不到 30 岁的好兄弟，不能走得这样早啊！

他一到贾家，先给贾丽娜个定心丸，说谭彦住院后一打针就退烧了，她不必太挂心。他又给贾立夫使个眼色，两人来到另一个屋里关起门。细心敏感的贾丽娜捕捉到了那个奇怪的眼神，悄然跟过来站在门外侧耳细听。尽管他们的声音很低，她还是听到了谭彦"最多只能再活五年"的诊断结果。她突然忍不住失声大哭。

贾立夫闻声打开门，与李永春面面相觑；贾母随后跑过来惊问：这是怎么啦？大月子的哭什么，会作病的。

贾丽娜扑在妈妈怀里，愈发哭得肝肠寸断。妈妈把丽娜扶到床上，问她到底出了啥大事。她一听清女儿呜呜咽咽、断断续续说谭彦最多还能活五年，立马和丽娜抱头哭作一团。

悲泣中的妈妈突然猛醒，止住哭声安慰丽娜：别信大夫胡说，他也不是阎王爷，他能说了算？不就是病重一点吗？肺结核是慢性病，不会很快好，也不会很快死人。只要好好治好好养，啥也不怕。

丽娜知道妈妈是往好里想，给她说宽心话。她怕妈妈过度悲伤，为她担忧，就佯装相信了妈妈的话：妈说得对，肺结核早就不是绝症了，我们不能全信医生的。你去睡吧，我也困了。

妈妈一离开，丽娜拉开被子蒙住头，用枕巾捂住嘴暗自悲泣，思虑万千：五年，万一五年后谭彦真的走了，儿子不知将来能不能记住爸爸的模样……

按照常规，虽然家人和医院方面都不愿把诊断结果告诉谭彦，至少是隐瞒一天是一天。但大家都以为他不可能知道实情时，他根据自己的切身感受，对照这些年来不断学来的肺病医学知识做出判断：这次持续高烧，可能不单单是感冒所致，可能是肺部旧病复发，且严重恶化。目光犀利、感情明敏的谭彦也从家人、医护人员、不断来探望他的同事的目光里、语气中，佐证着他对自己病情的判断。

谭彦知道李永春最早知道诊断结果。当李永春单独在他病房时，他三问两问就"审"出了那可怕的诊断。当李永春含泪"供"出他最多还能再活五年时，谭彦没有立刻回应，而是沉思片刻，强压下内心的滔天激浪，用笑话消解李永春的沉痛：五年？在"五"字后头加个零吧。

李永春见谭彦这样乐观超然，接住谭彦的话：再活五十年也不多。

谭彦在李永春面前表现出的超然幽默，绝不是他当时真实的内心反应。他只不过是不想让别人跟着他伤心。每一个热爱生活、敬畏生命的人，都不会对这样的"判决"

坦然以对。当时谭彦才 29 岁，有太多的梦想未能实现，有太多的责任需要他承担。他想到家中年迈的双亲、多病的姐姐弟弟、身边年轻的妻子、襁褓中的儿子，想到儿时的伙伴、大学的同窗、单位的同事……而想得最多的，是他深深热爱的事业。人生的追求才刚刚开始，理想的翅膀怎能突然折断？

谭彦也亲眼见过一个患纤维空洞型肺结核病人，那人在医院住了二十年，最后是从医院太平间出院的。也有人经受不了疾病的长期折磨，以自杀了结病苦。

连续几天的辗转反侧，一个朴素而深刻的道理慢慢占据了他的心：人迟早是要死的，生命的长短用时间来计算，生命的价值却用贡献来计算。即使像流星闪过，也要放射出绚丽的光彩。

既然谭彦知道自己的病情，医生也就跟他摊牌了：你也知道这种病很顽固，那就既来之则安之，你就安心住院治疗吧。

谭彦没有、也不可能"安之"。他要到火热的工作中燃烧自己有限的生命之烛，决不在病床上了却此生。退烧没几天，他就找医生要求出院。

谭彦与医生的这段对话，最深刻、最生动地阐释了谭彦对生命意义的独特理解——

谭彦：我已经不发烧了，我要出院。

医生：出院？你是退烧了，可病还在。这种情况下出院，还要不要命了？

谭彦：我正因为要命，才急着出院哪。

医生：这话怎么讲？

谭彦：请问您，我这病需要住多长时间才能好？

医生：很难说，也许三年五年，也许十年八年……

谭彦：也许二十年、三十年，无限期的对吗？那我的生命还有什么意义？我还有命吗？

医生：你的意思是……

谭彦：我要出院工作，边工作边治疗。在医院每天就是吃药、打针、休息，我出院后吃药打针照常，只是把休息换成工作。

医生：工作是要劳累的啊！这病又最怕劳累。

谭彦：工作是要劳累一些，但工作又有好的一面，可以使我精神快乐，这是有利于疾病治疗的啊！

医生：好吧，就按你说的，工作一段看看，不过要是发烧了，你可一定要及时来住院。

谭彦说服了医生，还得说服妻子。贾丽娜一听谭彦急着出院，就哭着苦苦相劝：不是不让你上班，是让你先养好了病，有了好的身体再工作。有你在，我们才有个完整的家，否则……贾丽娜后面的话被眼泪冲走了。

谭彦耐心说服丽娜：你不能老这么想，你也知道，不少结核病人长期住在医院，也就那么回事。我这么年轻，在医院里憋得慌，还不如上班干点事心里充实，还可能有利于康复。

妻子心里有一百个不忍，还是同意他出院了。

# → 信念，不竭的力量源泉

☆☆☆☆☆

谭彦一出院就直奔单位。在路上，李永春为他庆幸：住院时医生说你最多活五年，想不到你这么快就出院了。

谭彦笑笑：我不是也说了吗，"五"的后面再加个零。

一回到法院，肖庭长握住谭彦的手又是高兴又是埋怨：我去医生那儿问过，你这种状态就不该出院。

谭彦再度坚定表达自己的信念：反正我的身体就这个样子了，与其在医院等死，不如出来工作，我就是死，也要死在工作岗位上。

在谭彦办公桌的玻璃板下，压着颇有书法造诣的同事、情同手足的朋友夏明宇用毛笔为他写下的他非常喜欢的一段名言："如果一个人不是从一岁活到八十岁，而是从八十岁活到一岁的话，我们每个人都能成为伟人。"他时时用这句名言提醒自己，鞭策自己：我无法改变从一岁活到八十岁的自然规律，也不奢望成为伟人，我会以生命"倒计时"的紧迫感，竭尽余生报效祖国，服务人民。

在与病魔的艰难搏斗中，谭彦对美国作家杰克·伦敦的那段名言的寓意，有了过去从未有过的深刻理解："生命就如一朵火焰，渐渐烧尽自己。但当一个孩子新生了，他就得到一个新的火苗。"他常常翻出旧笔记本，一次次重温这段他在吉林大学读书时，在校图书馆摘抄、与同室学友分享过的名言。作家点燃的遥远的"火苗"，竟成了他生命中不熄的圣火，给他带来光明和希望，向他昭示生命的哲理，向他诠释，强盛伟大的生命是不朽的。

1996 年 6 月，谭彦承办了一件有六名被告的团伙抢劫案。由于开发区法院审判庭太小，谭彦决定到市中院大法庭公开审理此案。

在预定开庭那天早晨，高烧多日的谭彦仍在发烧。领导和同事得知后劝他推迟一下开庭时间，谭彦坚持如期开庭：如果改变日期，又得重新通知当事人、证人和辩护人。不能因为我自己，耽误人家的时间。不要担心我，我多吃点退烧药能挺住。

领导又提出变通方案：那就如期开庭。让别人去，你在家。

谭彦诚恳辩解：我是审判长，对案情最熟悉，不去行吗？

见他如此态度坚决，大家只好依了他。

病在谁身上，谁更能掂量出轻重。谭彦怕身体扛不下来，悄悄服下一大把退烧药，与同事一起乘大巴车赶赴大连。

在法庭上，谭彦忍着病苦，以严密的逻辑，丰富的法律知识，精湛的审判技巧，有条不紊地主持着公开审判。超人的毅力能支撑精神形象，却阻挡不住他气喘吁吁，虚汗淋淋。深知内情的书记员，不时以外人不易觉察的目光，担忧地扫一瞥谭彦，生怕他倒在法庭上。

这次公开审判，从上午9点开始，一直持续到下午3点。在整整六个小时里，谭彦顶着高烧，翻阅着近二百页的卷宗，写下上万字的阅卷笔录和审判提纲，并对重要案情熟记在心。作为庭长，在庭审中必须始终精神高度集中，思路清晰，组织严密，不能出任何纰漏。即使身体正常的法官，经历这样的持久战，也会口干舌燥，疲惫不堪。承受着高烧、脑供血不足、连呼吸都困难的谭彦能圆满地撑持下来，不难想象，他的意志力有多么顽强。

晚上谭彦下班回到家，连烧带累，已经神志恍惚，像一摊烂泥倒在床上。贾丽娜见状灭了灶火跑到床前，心疼地催促：谭彦啊，看你病成啥样了！快上医院吧！

谭彦无力回应妻子的惊慌、痛心与哀求，只是闭着眼睛，半张着嘴，大口大口地喘着气。贾丽娜劝不动也搬不动谭彦，只好让他先歇一会儿缓缓劲。给他脱衣服时，发现谭彦皮包骨头的臀部，由于坐得太久，尾骨表皮往外渗血。她忍不住泪雨纷纷。

贾丽娜一拨通院领导电话，就泣不成声……

迅速赶来的领导和同事当即把谭彦架上汽车，直奔医院。

那天是个新来的医生值班，他一看拍出的片子，万分惊愕地问：这是谁的片子？这人还活着吗？

谭彦同事回答：他不但活着，今天还在上班，审了一天案。

那个医生惊呆了，久久无语。

此刻，与谭彦很熟的主治医生黄春风走过来，把谭彦的同事叫到一边，神情沉重地说：谭彦的情况非常严重，不仅肺结核没有好转，而且又交叉患了肺气肿、肺心病、气管炎。由于长期大量服用药物的副作用，肝、肾、胆、脾、胃等各种内脏器官，均已受到严重损害。

同事怕谭彦听见受刺激，对黄大夫又使眼色又摆手，示意不要再说了。黄医生不仅没打住，干脆把话挑明了：不用摆手，谭彦自己最清楚，你们问他知道不？

谭彦点点头，表示知道自己的病情。令人吃惊的是，他开口第一句话竟是：我不想住院，我要回去上班。

黄医生一听谭彦这话，既心疼着急，又大为惊讶：你怎么还说不住院？你都病成这个样子了，都有肺心病了，还上班，不要命啦？

谭彦不为所动，坚决不住院：不能上班，躺着等死，是我最大的心病，没有药能治。只有在工作中，这个心病才会减轻。案子这么多，我放心不下啊！

无论家人同事怎样劝阻，医生怎样挽留，稍一退烧，谭彦就硬撑着上班了。

张晓明院长见谭彦又来上班，都有点恼火了：谭彦，你只知道上班上班，为什么不想想我的感受？许多人都认为我这个院长不是东西：谭彦病到如此地步，还让他上班干活。

谭彦沉默许久撂出一句重话：既然是老同学，你是愿意为我背点骂名，我有希望有意义地活着，还是愿意落个体贴下属的美名，我在医院里绝望地等死？

张晓明掂量一会儿谭彦的话，又一次妥协了。

随着他的身体越来越虚弱，剧烈咳嗽后不吸氧就挺不过去，张晓明就让单位给谭彦买了两个氧气袋，一个放在他家，一个放在他办公室。

为了报答岳父岳母一家人和领导、同事、朋友们的关怀，谭彦更加忘我地工作。周六、周日大家都休息了，谭彦一边打吊瓶，一边审阅案卷。他绝不拖延一个案子。让自己的生命在奉献中燃烧。

无论谭彦多么坚强，身体还是每况愈下。每餐只能吃几口饭，喝一点米汤。体重急剧下降，1.76 米的个头，仅有 40 公斤。他和同事到澡堂洗澡，都不忍看他的身子：脊骨节节毕现，两条长腿皮包骨头，粗细与正常人的胳膊差不多少。

以前的法官服都撑不起来了，为了维护法官的形象和尊严，在盛夏酷暑，他也要套进 70 年代流行的那种硬度强的尼龙绸裤支撑裤管。冬天，他要在法官服里面套进羽绒棉衣。法院拍证件照片，法官服的领子显得太松垮，他不得不用夹子在脖子后把衣服夹上。

每天起床都很困难，妻子帮他穿好上衣，他喘一会儿才能穿裤子，再喘一会儿才穿鞋……

有时刚服过药剧烈咳嗽，把饭和药都呕吐出来。他为了不给妻子添麻烦再做饭吃药，又浪费，他就会找个东西接住，待平静后再吃下去。有时呕吐太猛，来不及找东西接，他就用手捧住，剧咳过后再吃下去……

他上班爬楼梯，真叫人揪心扯肺。他的办公室在四楼，上楼梯得经过 8 个缓步台，86 个台阶。他又谢绝别人背他，上一层歇一两分钟，再往后，在每个缓步台上得歇三四分钟。到办公室一松劲，剧烈哮喘着瘫坐在椅子上，脸憋得通红，腰弯得像"龙虾"。然而 8 点钟一到，他立刻抖抖精神，像战士进入临战状态。当事人一进来，他像换了个人，目光炯炯，谈话自如，举止稳重。

一下班回到家，谭彦的境况比爬楼梯更令人心酸。

一天，贾丽娜和法院几位女同事外出参加一项活动，回来时比正常下班时间晚。班车驶近家门口时，万家灯火中，谭彦家却没有灯光。停车后，夏宪平随口问：谭彦早下班了吧? 你家怎么黑着灯?

贾丽娜神情黯然：他没有力气开灯。

贾丽娜下车后，夏宪平也跟着下去了，她想帮贾丽娜做晚饭。

贾丽娜打开门，昏暗的家里，卧室里传出谭彦微弱的声音：丽娜，把灯打开……

贾丽娜摸到灯绳，黑暗消融后，只见谭彦在床上蜷曲成一团，大口大口喘着粗气。夏宪平怔住了：这与法庭上的谭彦别如天壤。她见贾丽娜眼泪汪汪，自己的鼻子一酸，泪止不住也下来了。

从 1989 年 4 月初出院到 1996 年这七年间，谭彦坚持边工作边治疗。连续发烧扛不住了，就住院治一下，烧一退就重返岗位。在这些年里，他不仅办的案子多，办案质量高，社会效果也最好。他以惊人的毅力与生命争夺时间，用更加忘我的工作来实践自己"活着就要工作，死也要死在工作岗位上"的誓言。

病魔可以剥夺谭彦的健康，却剥夺不了谭彦对审判工作的忠诚。在开发区法院的考勤表上有这样的记录：1993 年 7 月 1 日至 1995 年 6 月 30 日，扣除节假日，总共为 560 个出勤日，谭彦因病请假 48 天，实出勤竟多达 512 天。而这段时间恰恰是谭彦病情严重的日子。1993 年至 1994 年，他审理案件 108 件，高出全院人均审案件数 44%，结案 105 件，高出人均结案 50%，两项工作指标都名列全院第一，而且无一发回改判。

谭彦的精神，不仅令同行的法官们钦佩，也让在办案中认识的律师肃然起敬。一次，在办理案件时，被告人的律师得知谭彦带病连连开庭，因臀部太瘦又坐得太久，导致皮肉磨破出血，在这种情况下依然接着开庭，那位律师被深深打动。他诚心诚意对谭彦说：你这种状况还坚持工作，令我非常感动。这样吧，你休息休息，我来替你做做当事人的工作，争取尽快结案。

眼看着谭彦病情日益恶化，人瘦得像张剪影，法院领导决定：谭彦必须休息，说不通就采取"强迫式休息"。张晓明找他征求意见时，谭彦坚定地谢绝了。他言恳意切地对院长说：我还能干几年？干一天多一天，大家这样关心我，爱护我，我只能以拼命工作表达感激之情。

张晓明听了谭彦的话虽然很理解，很动容，但他知道，谭彦真的不能再工作了。他这样为自己要强迫谭彦休息做铺垫：谭彦，我理解你，也希望你理解我。你应该想一想，我们是情同手足的兄弟，我天天看着你这个样子还来上班，心里是啥滋味？你知道我为你背的骂名吗？一个记者采访时谴责我：张院长，你比周扒皮还狠啊！谭彦都病成这样了，你还忍心让他上班？我真是百口难辩哪。

为了不让张晓明太为难，谭彦表示：以后能在家里干的事，尽可能不在单位做。

张院长与他谈话的次日，谭彦又早早来到了办公室。

第三天，谭彦照例提前来到办公室，却见自己的办公桌和椅子不翼而飞了。他正在莫名其妙，张晓明已走到他身后，轻轻拍拍他骨瘦如柴的肩膀，以不容置疑的口气对谭彦说：只能这样了，强迫你休息。你的办公桌椅，我已叫人搬到仓库里了。你今天就回家好好休息，耐心养病吧。

无论是医院让他"全休式治疗"，还是法院领导对他实行"强迫性休息"，谭彦都没有真正"全休"。

　　谭彦虽然不去办公室了，他并没有真的停止工作。他让同事把案卷拿到他家批审，把难点、疑点一一标注出来，再让妻子送回法院。

# 法官的天职

# → 清廉如水是立身之本

★★★★★

　　谭彦将"法官的最高上司是法律"、"法官是法律的守护神"、"有师法者人之大宝,无师法者人之大殃"等名言圣哲铭刻在心,随时准备着为自己的神圣职责,为蒙受冤屈的人们主持正义,讨回公道。谭彦深知,当今是什么样的执法环境,更知道秉公执法、清正廉洁将面临多少挑战多少考验。

　　谭彦不是不缺钱。远在吉林山区的老家,姐姐和弟弟都有病,全家生活只靠父亲的工资维持。作为长子,谭彦常要把自己的工资寄回老家,自己的三口小家却要靠岳父接济。然而,用金钱亵渎法律的神圣,谭彦坚决不干。

　　1993年3月9日午夜。高文有潜进大连开发区东信玻璃厂女工宿舍,在摘下袁海涛挂在床头的手提包时,惊醒的女工翻身而起。高文有亮出匕首威胁道:别出声!

　　高文有见吓呆的袁海涛不敢出声,拎着提包就走。他一口气跑回自己的建筑工程公司宿舍,在包里只翻出五十元钱。

　　袁海涛在高文有逃离后,立即把提包被抢的事报告厂里，厂保卫科立即组织人巡逻追踪。

高文有做贼心虚，担心女工认识自己，溜出宿舍探听动静。当他转到女工宿舍的后窗往里窥视时，被巡逻的人发现，经过一番追赶搏斗，高文有被擒。袁海涛现场指认：他就是抢包的人。

高文有的案子由谭彦审理。

随着开庭日期临近，有"高人"给高文有妻子支招：你可得找找法官，你丈夫开始是盗窃，后来是抢劫，如果按盗窃罪就轻得多，若按抢劫罪，非判刑不可。

高妻不仅打听到谭彦审理此案，也问出了谭彦住哪儿。开庭的头天晚上，她揣着"有钱能使鬼推磨"的世哲和两千块钱，敲响了谭彦家门。谭彦问她是谁，有什么事，女人说她是高文有的妻子。

谭彦告诉她：高文有的案子明天开庭。

高妻哭哭啼啼地说：知道明天开庭才来找你。谭庭长，请高台贵手，我们会一辈子记住你的大恩！话音未落，她掏出一个装着钱的信封，递向谭彦。

谭彦厉声阻止：这绝对不行！

高妻见谭彦如此坚决，只好先收回去。临走时悄悄把信封塞在沙发缝里。待谭彦发现信封时，高妻早就无影无踪。

第二天一上班，谭彦就把钱交给政治处副主任夏宪平。开庭前，夏宪平找到高妻，严厉批评她向法官行贿的错误后，掏出装钱的信封：写个收条吧，这两千块钱还给你。

高妻边写收条边流着泪喃喃自语：都说人人喜欢钱，想不到，这还有送到手的钱都不要的人……

在开发区法院1994年的廉政记录中，有这样一段记载："谭彦，一年拒贿6000元，拒请吃饭15次。"

在钱与法上，谭彦拒绝诱惑；在情与法上，谭彦依然不为所动。开发区法院的领导和同事这样评价谭彦：要想让他办人情案，是绝对不可能的。

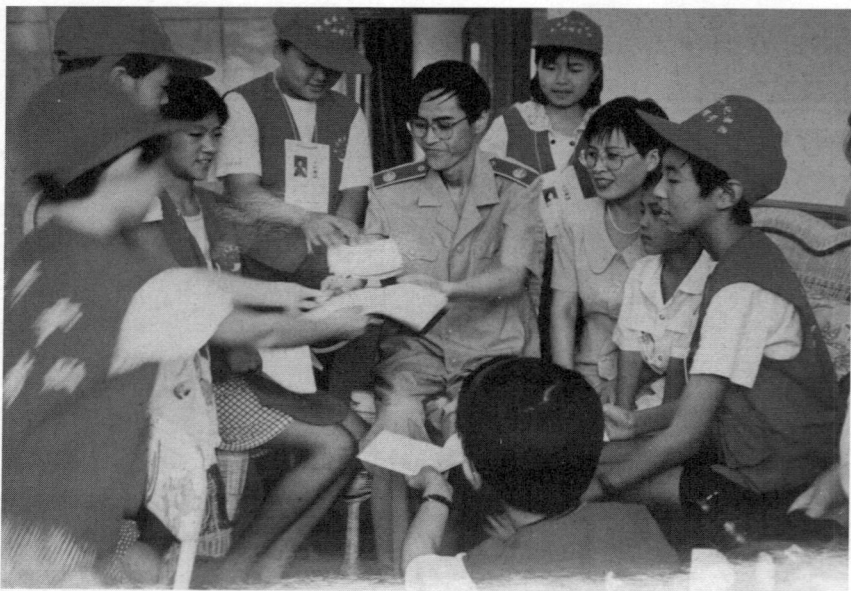
△ 1997年春节前夕，谭彦在北京住院治疗，开发区法院领导、同事来医院看望谭彦。谭彦接受大连开发区小记者们的采访

在他面前，法律为大。

谭彦的岳父对他可以说是恩重如山。即便是贾庆印无奈豁出老脸求他，谭彦也不为所动。

岳父一位老朋友的儿子，因经济纠纷成了被告，这个案子恰巧由谭彦审理。那人知道谭彦特别感恩、敬重岳父，便求贾庆印为自己儿子说情，在判案时关照一些。虽然贾庆印实在不愿向女婿开这个口，但碍于多年老友情分，只好破例做一次不该做的事。

当天晚上谭彦下班后，岳父就难为情地给谭彦讲了老友求托之事。谭彦听后毕恭毕敬地说：爸，我要给你得罪人啦。

案子依法公正判决后，没有受到"关照"的被告人的父亲抱怨贾庆印：你女婿真不讲情面，连你的面子都驳了！

已经后悔不该破例说情的贾庆印回敬老友：我当初就不该出面说情。谭彦不徇私情，秉公执法，不是驳我的面子，是给我老脸争光。

1993年，谭彦在审理一桩经济纠纷案件时，依法到某银行去冻结被告的资金。这家银行以往与开发区法院打交道，合作得都很好，与谭彦由熟悉日渐交谊成私交不错的朋友。谭彦说明此番来意后，行长热情寒暄后请谭彦稍等片刻，他出去打个电话，马上就回来。

等了好一会儿行长才回来。谭彦到柜台办理手续时，发现被告那家公司账面上的资金已一无所有。谭彦判断，是有人从中做了手脚。

谭彦找到行长了解内情，行长却闪烁其词，虚于应付。谭彦果断依法调取银行账目，立即核查。他拖着病躯楼上楼下跑了几个来回，以最快时间搞清真相：被告的所有资金的确刚刚划走。

谭彦再次找到行长，一扫往日的客气，义正词严地批评行长，并让书记员记录在案：你的行为是妨碍执法人员依法办案，如不及时补救，你将承担相应的法律责任！

行长强装轻松说：老朋友，有那么严重吗？

谭彦斩钉截铁：办案时没有朋友，只有法律。事情严重到什么地步，要看造成的后果。

行长见糊弄不过去，就道出实情：原来被告的这家公司也拖欠他们银行贷款，现在他们账面上好不容易有点钱，你们一冻结，钱早晚要被别人拿走。你给我个面子，把这笔钱留在我们银行冲贷款吧。

谭彦听后言语放软了，原则仍然坚守：咱们都很熟，好说话，可法律是无情的。法律既然规定了不允许这样做，我就得依法办事。

行长被谭彦捍卫法律的严正态度所震慑，更被他不徇私情的执法精神所打动，诚恳地承认错误后，马上划回了那笔资金。

# 秉公执法是生命之魂

★★★★☆

在情与法、钱与法、权与法的较量中，谭彦一次次让人们看到，他铁面无情、不为人情所动，不受金钱诱惑，不被权力左右，不向恐吓低头的铮铮铁骨。

同许多法官一样，谭彦在办案过程中，经常会遇到来自方方面面的压力，但他从不屈服。

1993 年，谭彦审理一桩经济案子，原告委托一位在当地很有影响的律师做代理。为使谭彦做出有利于原告的判决，向谭彦亮出自己的背景：她和市里某政法机关的领导关系不一般，某局长是她的亲戚。她满以为谭彦听了会掂量掂量。

谭彦淡然一笑回答：那些领导的法律意识一定很高，肯定会支持我依法公正办好这个案子。

律师见谭彦不吃她那一套，就搬出政法机关的领导，直接给谭彦打电话通融。律师想探探上锋电话在谭彦心里的分量，谭彦更不客气了：你能找到他，就让他判。只要案子在我手里，我该怎么判就怎么判。如果只讲权不讲法，我早就不当法官了。

1994 年，谭彦审理一起财产纠纷案，宣判前，被告掂量着依法判决必然败诉，就想以流氓无赖亡命徒的嘴脸口出狂言，威胁谭彦：老子天不怕，地不怕，还怕你这个小法官？你看着办吧。咱们走着瞧！

面对被告的嚣张，谭彦轻蔑一笑：咱们谁也不怕谁，不管是谁，都得依法行事。谁违了法，就应得到法律制裁。

那天晚饭后，谭彦照例在家挂吊瓶。被告家人又打电话威胁：谭庭长，希望你不要太固执。这个案子你要是判得对我们不利，恐怕对你不利。你还年轻，你的孩子还小，你妻子又贤惠，你家三口人谁出点事都不好啊。你听清了吧？

谭彦毫不畏惧：我也请你听清，我是一个法官，就得按法律办案。什么邪恶力量，都不能动摇我对法律的忠诚。你们想怎么办就怎么办吧。

邪不压正。被告方见各种无耻手段都不管用，黔之驴只得接受依法判决。

## ➜ 审慎细微是铁案之基

★★★★★

谭彦常说："人民法官头顶国徽，肩扛天平，绝不能在我们手中办一件错案。"

他认为，秉公执法的核心就是认真、准确、公正地办案。了解谭彦的法官、书记员、公诉人、律师都有一个共同的感受：谭彦办案容不得半点马虎，从不放过一个疑点。

1992年冬，一个滴水成冰的上午，仍在发烧的谭彦，要带书记员小夏到一百多里外的瓦房店市调查取证。小夏看着谭彦少气无力、一阵大风就能刮倒的样子，心疼地劝他等身体稍好一点再去。

谭彦坚持当天必须去：不行，取不上证，就办不了案。

小夏想变通一下：要不我自己去得了。

谭彦虽然很感激书记员的好意，主意并没改变：都安排好了，我还是要去。

在乡村走访中，裹在大衣里的谭彦，被狂风吹得东倒西歪，他依然顽强地从村民家出来，又进村干部家……

谭彦办案的认真严谨劲，不仅令同事敬佩，也让律师惊叹。大连市信德律师事务所的吕新玮律师，在做辩护人时，有缘见证传说中的谭彦。

1994年11月，她担任一件民事侵权案原告方代理人。她听说被告方的代理律师是谭彦的同学，心里多了几分忧虑。尽管谭彦的口碑很好，但心口不一、名实不符的人和事，她也见识不少啊！

在案件审理中，审出一处疑点，不把这个疑点弄清楚，就谈不上公正判决。

1994年10月27日下午，被告方的经理，带人闯入原告方的二楼营业室，在没有出示任何查封通知书的情况下，将正在营业的二楼营业室查封。次日，被告方经理又领人将原告已出租出去的一楼营业室和财务室查封，并强令财务人员交出账簿、支票、印鉴，致使原告中止了营业活动。同年11月4日，双方达成协议解除封存。

在此期间，因被告方的查封，给原告方造成直接损失五十一万三千元，其中包括因查封致使原告方不能履行与台商签订的珠宝购销协议，三十万元定金被台商拿走；因为被查封，致使原告不能履行与济南高新开发区凤凰珠宝公司签订的珠宝订货合同，十万元订货押金被对方扣留等内容。

在法庭辩论中，被告方代理人提出质疑：原告提供的被台商拿走三十万元定金证据不足。

为了在确凿无疑的证据上依法公正判决，谭彦提议，由原告、被告、法院三方组成联合调查组，赴深圳调查取证。

吕新玮知道谭彦重病在身，不会为取证南下数千里。她判断错了，谭彦谢绝家人、领导、同事的劝阻，坚持亲自取证。

登机时，同去的于韶华、吕新玮要搀扶着他。

随着飞机升高、巅震，谭彦的咳嗽愈来愈剧烈，脸上没有一点血色。吕新玮给他捶着背说：你身体这样，有些事不一定亲自干。比如这次来。

谭彦解释：那怎么行？案子是我承办的，怎么能让别人来。有时一个证据问题，会形成不同的结案结果，要是不来，我放心不下。

吕新玮很感佩：您真是太认真了！

谭彦点点头：当法官的要是不认真，还能公正判案吗？

飞机在宁波机场降落加油，所有乘客下机，在候机厅等候加油后重新登机。

于韶华、吕新玮不忍谭彦上下折腾，就与空姐交涉。于韶华说：小姐，我们这儿有个病人，上下飞机很难，我们能不能不下去？

乘务员同情又无奈地回答：真的不能满足您的要求，都要下去的。

吕新玮再请求：我俩下去，只留他一个人也不行？

乘务员摇摇头：按规定，一个人都不能留在机上。很抱歉，无法改变规定。

谭彦摆摆手：不要说了，既然是规定，咱们就遵守吧，下机。

再次登机时，被折腾得上不来气的谭彦，走几步，就得靠在于韶华肩膀上喘一会儿，再挪几步……

到深圳后，于韶华见谭彦被酷烈的暑气热得喘不过气，就给他安排一间有空调的房间。谭彦进屋见有空调，就问房价。当于韶华告诉他每天一百四十元时，他坚决不住：太贵了，换便宜的。

于韶华解释说：深圳可不比大连，这儿太热，我眼看着你吃不消，才安排有空调的房间，

谭彦说啥不住，最后住进一家价钱便宜的招待所。

在深圳期间，能坐公交车，谭彦就不让坐出租车。对每一个证人，他都亲自提问，不放过每一个细节。

谭彦不虚此行。由于证据完整可靠，案件判决后，双方都很满意。

谭彦常说：司法工作无小事，桩桩件件都要处理好，向人民负责，对历史负责。他办的案子，不仅在认定事实、适用法律、程序合法上无懈可击，连文字上也无可挑剔。

比如在离婚案件的判决书中，"夫妻双方感情确已破裂"是惯用的套话，早已成为惯性思维方式。谭彦不仅自己不走套路，还写调研报告，提醒、警示同行：在大连开发区，由于国家征用土地，不少农户需动迁，多一人可增加 13 平方米的住房面积。不少青年农民随便找媳妇，或是公开声明，或是彼此默契，得到房子即离婚。此类婚姻，当初就没感情，把"感情破裂"写进判决书，显然不是事实。

# ⟶ 人道办案是公仆之责

★★★★★

法律无情，法官有情。谭彦以事实为依据，以法律为准绳，裁判着每一个案子。谁能说得清，这一个个裁判后面，凝聚着谭彦多少心血！

1993 年 5 月 22 日上午，大连开发区新桥小区工地上，因工资纠纷，工长林长刚先打了瓦工肖明发，一怒之下，肖明发在激情中抢过打人者手里的铁棍，当头一棒，将林长刚打倒在地，住院八十多天，并留下后遗症。

林长刚妻子谷秀娥状告肖明发故意伤害罪，要求被告赔偿各种费用八十万元。

谭彦办理这桩案子后，与书记员于韶华去瓦房店市邓屯乡广文村肖明发家调查情况。

卷宗里记录着谭彦与肖明发父亲肖英臣的对话。从下面这段对话里不难看到，除非这个院子里快快长出摇钱树，八十万赔款判下来也是白判。

谭彦：你家现在几口人？

肖英臣：四口，我、我老伴、肖明发和孙女。

谭彦：生活来源？

肖英臣：种地，原有八亩地，除去给老姑娘的只剩六亩。

谭彦：你还有没有别的经济来源？

肖英臣：没有，还欠外债一千三百元。

谭彦：被害人林长刚提出要求赔偿八十万元，你的意见？

肖英臣：没有能力。

谭彦：你家中有什么财产？

肖英臣：就四间房子。

陪着调查的村长宋乃超听了摇头叹气道：八十万？老天爷，要了他的命也拿不出来啊！

还没到"要命"的时候，肖明发又患了"白塞氏症"。病情严重，得两个人护理。

不能把法庭开在医院，更不可能把肖明发抬到法庭受审。根据特殊情况，谭彦给法院领导打了报告："该案目前庭审有困难，建议中止审理。"他的建议得到批复。

中止审理，谭彦并没有停止案件的调停。他一次次拖着病体找林长刚夫妇，动之以情，晓之以理：你挨打受伤，住那么长时间院，花那么多医疗费，很值得同情。但毕竟你先动手打了人家。他是在激情下，夺过你们手里的铁棍反手回击的。他受法律惩罚是应该的，但也有值得同情之处。他一家老小靠他撑着。他犯了法又得那么重的病，老爹老娘，年幼的孩子也很惨哪。你们看看他家露着棉絮的破被子，知道他家欠村集体一千多块钱多年都还不起，不要说八十万了，就是八万，八千，也得扒房卖瓦……

谷秀娥有感于谭彦病成那样一趟趟往她家跑，掰开揉碎说，终于明确表态：一个巴掌拍不响，不能全怪人家。谭庭长，你讲的道理我都懂了，这个案子我们也有责任，赔偿的事你就看着办吧。

当谭彦把林长刚家同意一万元赔偿款的消息告诉肖英臣时，他被八十万压弯的腰一下挺直许多。他唏嘘着表示：谭法官啊，你可救我一家命啦！我求亲告友，尽快凑够这钱。

赔偿款的压力减轻了，但随着判决的日子越来越近，肖明发父子的眉头也越皱越紧。肖英臣在儿子病床前长叹：看看你这身体，得了这种病，咋去监狱服刑。我想去找谭庭长求求情，看能不能给你判个缓行，你一入监，咱家可咋过哩？

肖明发心里很矛盾：在赔偿上，谭庭长为咱跑断了腿，操尽了心，咋好为缓行的事再找他呢？

然而，他们父子的所有担忧和期望，谭彦不仅早想到了，而且在法律许可的范围内，尽力为他们拓宽生路。

在法庭上，当谭彦宣布判处肖明发有期徒刑三年，缓刑三年时，被告席上的肖明发、旁听席上的肖英臣竟相流出感激的泪水。

退庭时，肖家父子在过道里拦住谭彦，谢声连连，谭彦摆手制止：谢什么，法院是根据法律和实际情况来判案的，对每个案件，我们都要力求做到合法、合情、合理。

肖英臣跟着小声念叨：合法、合情、合理……

正是有了令肖家永世感念的"三合"，才有了谭彦此生唯一一次"合情"的"收礼"——

多年后的一天晚上，谭彦家响起一阵怯怯的敲门声。贾丽娜打开门，进来一位提着编织袋的陌生中年男子。

不等贾丽娜发问，陌生人自我介绍说：我叫肖明发，谭庭长审过我的案子。

贾丽娜问他有什么事。

肖明发说：谭庭长判案讲法又讲情，救了我们一家。多年来，虽然心里感恩不尽，知道谭庭长清廉，我连个青苞米都不敢送。听说他还是身体不好，才来看看他。

贾丽娜指指编织袋：看看欢迎，我们可从不收礼。

肖明发说：这算什么送礼啊！谁送礼送这玩意儿。我家杀了头猪。不是都说吃啥补啥吗？谭庭长心肺有病，我就把猪心猪肺拿来，给谭庭长补补心肺。

卧室里躺着的谭彦听到他们的对话，咳嗽着喊：心意收下了，东西不能收——

贾丽娜实在不忍拒绝如此好意，对谭彦说：今天我做一回主，心意和东西全收下。

肖明发对谭彦的感恩钦敬之情，并没有定格在这里。

在大连开发区大力宣传谭彦的日子里，肖明发正巧到开发区办事，他看到满街横幅、标语上写着向谭彦学习致敬，在习惯性的联想中，他不禁泪流满面。以他的人生经历和理解力：一般都是人"壮烈"了、"光荣"了，才有这种荣耀。

他一定要探出究竟。他一路边跑边抹泪，不顾路人的侧目飞奔到开发区法院，上气不接下气问门口保安："谭彦出啥意外了？"

保安告诉他谭彦没出什么事，他心里仍不实落，直到打通电话，听到谭彦的声音，他才破涕为笑。

在母亲告儿子虐待罪的案件中，谭彦人性化办案，体现得更为充分。

1994年4月20日，谭彦接待了海青岛西峪村的徐淑英老太太。她要状告自己的亲生儿子白惠成。看着这个老母亲这样痛苦悲愤，谭彦给她倒杯茶，让她慢慢讲。

徐淑英含泪向谭彦倒起苦水：我这是哪辈子作下的孽啊！

她40岁生下老儿子白惠成，自小娇惯出一身恶习，娶了媳妇也不干正事，一门心思打牌赌博。输了钱就向老娘要，不给就要打骂。最近这孽种又输了钱，向徐淑英要赌资，她没给又骂他几句，白惠成竟然抓起斧头要劈她，幸被在场的乡邻夺下。家族长辈数落他不孝，他口出恶言：谁敢碰你爷，你爷今天叫你死！

村治保主任到家里调解，母子辩理时，恼羞成怒的白惠成抓起剪子就要捅她，好不容易才被村干部夺下。她实在没法过了，才来告儿子虐待罪。

谭彦听得义愤难平，他受理了这桩母告子案。并以最快速度，用法律保护这个不幸的母亲。23日下传票，24日白惠成就到了开发区法院。按法律程序，谭彦对他进行严厉批评教育，让他以后善待母亲，否则法律难容。

白惠成回去后，不仅没有悔改，还变本加厉，闹得鸡飞狗跳。徐淑英躲在屋里顶住门，白惠成就拿铁叉、斧头戳门、劈门，徐淑英吓得日夜躲在屋里不敢出来。

谭彦得知白惠成这样难以救药，不顾自己重病在身，亲赴西峪村调查落实情况。

村民关茂开说：很多人都看见白惠成打他妈，我就亲眼看见他拿着铁锹站在墙头上，对徐淑英喊："你出来，我砍死你！"

治保主任王业成告诉谭彦：白惠成偷鸡摸狗，败坏乡风，还因打架斗殴被派出所拘留过。当娘的心软哪，平时对她说打就打，一被拘留，徐淑英还给他送饭哩。这个没良心的东西，从派出所出来对他妈照样不像个人样。一次我在路上看到，白惠成拦住徐淑英要钱，徐淑英说没有，白惠成就连连打了他妈四拳……

白惠成一桩桩恶行，让谭彦决然举起惩恶之剑。

4月29日，白惠成以虐待罪被依法逮捕。

可怜天下父母心! 白惠成抓走五天后，当娘的心又软了。徐淑英来到开发区法院要求撤诉，放儿子出来。

做母亲的心，谭彦当然能理解。但又绝不能仅仅按法律程序走，立案撤案，抓人放人。必须在白惠成悔悟，徐淑英不再受虐待的前提下解决此案。

5月11日，谭彦到看守所提审了白惠成。给他上了一堂深刻的人性课。谭彦严肃又语重心长劝导他：多年来，你把母亲伤害得心伤累累。即使这样，你被派出所拘留时，母亲还给你送饭。事到如今，老人并不知道你悔罪没有，还是不顾自己的祸福，到法院请求放你回家。你的心也是肉长的，知道母亲对你这样，你失去的良心，就不能唤回一点……

白惠成冷硬的心被谭彦的话融化了，伴着悔过的泪水他保证、他发誓：如果放他出去，一定好好孝敬母亲。

通过这个案件，也让谭彦深刻感受到尊敬老人、孝敬父母传统美德丧失造成的社会问题多么严重。他想用这个案件做教材，给更多的人上一堂法律、道德课。

1994年5月17日，开发区法院原定在海青岛西峪村召开的公开审判大会，改为法制教育大会。全村二百多村民，早早来到会场。当法警把白惠成押上会场时，他昔日的无赖霸道气不见了，一脸愧疚地垂头而立，不时看一眼台下含泪的母亲。

谭彦讲过案情后让白惠成表态，他哽哽咽咽说：我全错了，对不起母亲，我该受到法律惩罚。

谭彦问徐淑英听清儿子的话没有。老人擦着泪点头：听清楚了，听清楚了。

谭彦又问她希望怎么处理儿子。她再次显出母亲的慈怀：孩子变好了，饶了他吧。我希望孩子回家，好好过日子。

△ 谭彦夫妇与潘自航教授合影。自1997年以来，中国食用菌技术开发有限公司董事长潘自航一直免费为谭彦提供"自航牌灵芝孢子粉"

谭彦问白惠成对母亲说有什么话说。白惠成扑跪在徐淑英面前，抱着母亲的腿哭求：妈呀，我错了，我知道错了，我一定改，好好报答你的养育之恩，叫我回家吧……

鉴于被告悔罪诚恳，母亲宽恕，白惠成向法院写了保证书，经合议庭评议后，审判长谭彦宣布准予原告人徐淑英撤诉，释放被告人白惠成。

王业成的话，代表了众多村民的心声：这个大会开得好，教育了全村人。还是法院有办法，到底让这浪子回头了。

法律无情，法官有情。谭彦说："我们是人民法官，在法庭上，要忠实地捍卫法律的尊严；在法庭外，还要用自己的真情，感染和教育更多的人学法、懂法、守法。"

在开发区法院，谭彦办案调解成功的比例，居全院最高。一些难以处理的案子，他总是苦口婆心地去做双方当事人的工作，用自己的情去打动别人的心。

谭彦始终坚信并践行这样的信念：一个称职的法官，有足够的法律知识，做到公正执法就可以了。但是，一个出色的法官，必须靠自己的人格力量，用真情去感化别人，使更多的人自觉遵守国家法律，让被破坏的社会秩序恢复正常。

# 忠诚的伴侣

# → 相濡以沫

★★★★★

谭彦"边上班边治疗",是以牺牲自己家和岳父家的正常生活为代价的。首先,岳父家变成"准病房",之后,又把自己的小家也变成"准病房"。

自从有了儿子谭方圆,为了方便照顾谭彦,他们一家三口就住在新港镇岳父家。既然挡不住谭彦出院上班,贾丽娜和她全家只能在背后倾力支持。

每天要赶最早一班公交车上班,天黑下班回来,由贾丽娜当护士的弟媳给谭彦打吊瓶,常常到半夜才打完针。

岳母看谭彦整夜咳嗽不断,一大早又病病歪歪地挣扎着起床吃饭赶头班车,就心疼地劝他:再躺一会儿吧,赶第二班车也来得及。

谭彦总是在感激岳母的好意中,坚持赶第一班车。在新港镇住的两年中,风雨无阻,谭彦总是头班车的乘客。

人们赞美、惊叹谭彦一年四季风霜雪雨乘头班车上班从未迟到过,但是,有一个人也应该、甚至更应该得到赞美——谭彦的岳母。毫无疑问,谭彦起来得越早,王延芳老人就起得更早。营养可口的早餐,不会像魔术师手帕里变出白鸽那样易得。

△ 谭彦一家人

　　谭彦、贾丽娜吃过早饭上班走了，两个老人得照料外孙。

　　不止贾家的大人个个付出，连孩子也不例外。星期日虽不上班，谭彦总抱回一大摞子卷宗，边打吊瓶，边研究整理卷宗。为了让谭彦在安静的环境中加班工作，总由岳父出面震唬孙辈：悄没声的可以待在屋里，乱说乱动的撵到外面。

　　后来在开发区分到了住房，谭彦一家搬回自己的新房住，岳母也随他们搬了过来。

　　由于谭彦力不从心，健康状况每况愈下，贾丽娜虽然自己的工作也很繁重，还是尽心尽力照顾谭彦。母女俩总是天不亮就起床，老人照看外孙，贾丽娜做早饭。她把饭做好了，再叫谭彦起床。

有一天，谭彦夜里加班写一份次日就要用的判决书。写成后，因为增删、修改处很多，他像往常一样，要工工整整再抄写一遍。然而他太困了，刚抄一半，就趴在桌子上睡着了。贾丽娜发现后，不敢叫醒丈夫上床睡觉，她知道，他若醒来，肯定要坚持继续抄。贾丽娜想替谭彦分担劳累，她悄然拿起草稿，伏在茶几上，在谭彦抄写半页的稿纸上接着抄。抄满这一页，她抬头看看谭彦，又审视一下自己的字迹，一阵快意涌上心头。尽管自己也很累，但能为谭彦分担重负，她心里感到很甜。而且她与谭彦初识时，她娟秀的钢笔字让谭彦刮目相看，今天，她的本事终于有了用场。

当午夜钟声鸣响时，贾丽娜总算把判决书抄完了。她放下钢笔，活动一会儿发酸的右手，揉揉涩涩的眼，叫醒谭彦。她把抄好的判决书往谭彦面前一摊，高兴地像儿时一样"邀功请赏"：请看，神仙相助，你在梦中把事做完了。

谭彦眨巴眨巴惺忪的睡眼，一页页翻看过稿纸，再瞅瞅时钟，深情感激中带着遗憾：丽娜啊，我感激你，也要责怪你。你该早点叫醒我，这事是不允许家人代劳的。这是纪律。你先睡吧，我抄完就睡。

谭彦连同自己已经写了半页、贾丽娜续写的后半部撕下来，抖抖精神，又接着抄写。

贾丽娜一关上卧室的门，泪就下来了。她懊悔：自己白费劲就白费吧，可事与愿违，本想让谭彦早点休息，反而睡得更晚。她恼火：谭彦这人怎么这样死守规矩，逆人好意，刺伤人心？然而，待懊悔、恼火平息后，她更敬佩自己的丈夫对原则的坚守。

谭彦每天的必修课，就是打针、吃药。

刚开始，妻子只想到吃药治病，没有顾及到他的自尊心，不管有无外人，到点就催他服药、扎针。外人走后他求她：能不能在外人面前不要药药针针的，让我很掉面子。从此以后，她再也没当外人面催他吃药打针。

最初是到医院打针，太费时间，后来贾丽娜请自己的弟妹在家里给谭彦打吊瓶。一天，贾丽娜提前配好了药等弟妹来，可是她的孩子突然有病去医院了。配好的药必须及时输进体内，无奈之中，贾丽娜说：我会扎针就好了，可又偏偏怕见血。

贾丽娜是单位的"晕针名人"。每年单位集体体检，她都成了困难户。抽血化验见血就晕。一次体检抽血，轮到她时，又咬牙又闭眼做出坚强的样子，可是刚伸出胳膊，就哆哆嗦嗦缩了回去。医生忍无可忍，生气地训斥道："就你娇气！我就不信说晕就晕！"

一把拽过她的胳膊，缠上绷带，给她抽血。

她真就让医生长见识了，针头未拔，她就晕倒了。

就是这样一个"畏针如虎"的人，硬被逼成能在丈夫身上"纳鞋底"的高手。

配好的药不能放时间长了，贾丽娜急得团团乱转不知该怎么办时，谭彦突然提出一个大胆设想：你只管试着给我输吧，练练针。成功失败都没什么，尝试一次吧。万一成功了，就不用天天麻烦别人了。

贾丽娜想想也是，她横横心，拿起针头，却犹犹豫豫不敢下手，直到把下嘴唇咬出血印，急得额头冒汗，战战兢兢的手还拿不稳针。

谭彦再给她稳神儿减压：不要把肉当肉，扎吧，就当纳鞋底，纳呀！

似有天助，贾丽娜第一次"纳鞋底"，竟一针成功。看到殷红的血回流到输液管里，她不仅没有晕针，百感交集地紧紧拥抱住丈夫，患难夫妻脸贴着脸，泪水滚滚……

她抽泣着低语：我会输液了！

他感激无限：难为你了！

当贾丽娜多年后回忆这一幕时，很庆幸第一次练针的意外顺利。在第二次乃至以后无数次给谭彦输液时，她三次五次失败的记录有的是。每当她一针针扎到心疼万分，灰心丧气，谭彦就拿出第一次成功激励她。十几年来终于练出硬功，即使到了谭彦瘦得皮包骨头，他手上遍布密密麻麻的

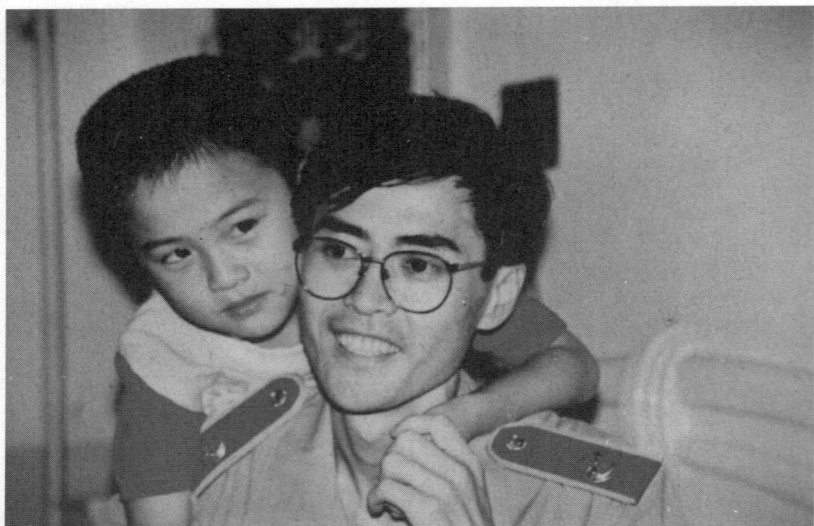

△ 谭彦与儿子谭绍博

针眼，就是纳鞋底，也没处扎了，连医护人员都为难给谭彦输水时，贾丽娜都能一下成功。他去世前的最后一次输液，也还是贾丽娜做的……

谭彦一夜睡不了几小时，剧烈的咳嗽使他夜无安眠。贾丽娜夜夜起来给他捶背、倒水、吃药止咳。

她常常抱愧自己个子太矮、太瘦。如果个子大点、胖点，背着谭彦上楼，就不这么难了，就有力量扛更多的事了。

看看贾丽娜1.55米的小巧身量，谁也不会想到，她能一次次背着丈夫爬上四楼。尽管家人和同事在重体力活上都抢着替她干，但她不愿没完没了麻烦别人。许多女性不易干的活，她都尽力自己干。像她把几十斤的煤气罐扛上楼、修个马桶，换个水龙头，在正常家庭属于男人"专利"的活，也都由贾丽娜担当。

他们也搬过几次家，每次换住处，多余的旧物件都当废物卖了扔了,唯有那个梯子,从不"多余"。每次家里"改朝换代",梯子都作为旧朝老臣,继续为新朝尽忠出力。贾丽娜个子矮,大个女人够得着的东西,她就得靠梯子帮忙。而换个灯泡,换个窗帘,擦个窗玻璃这些最日常不过的事,更是少不了梯子。她刚结婚时,也仅仅会做碗稀饭。多年的磨砺,她坚强地撑起了一个家。

谭彦的苦,妻子分担,谭彦的梦,贾丽娜帮他圆。

1998 年初, 身体好转的谭彦,听说母校吉林大学和大连海事大学在大连合办研究生班,他非常高兴地报名参加,贾丽娜又成了忠实的陪读。三年时间里,尽管病魔缠身,谭彦始终坚持读完所有的课程。贾丽娜不仅付出多多,也收获甚丰,因为陪读,贾丽娜也跟着读完研究生的课程,法律知识大有长进。只是该写研究生毕业论文时,谭彦进了重症监护室。虽然没有读完研究生成为他此生一大憾事,但不断充实的法律知识,他已经运用到自己的司法实践中。


## → 患难与共

★★★★★

贾丽娜与谭彦相伴中的经历,尤其是在谭彦病后她的承受力和由此产生的巨大变化,不仅别人难以置信,连她自己也不敢想象。一个昔日体检时见血就晕的柔弱敏感女子，为了丈夫，在一段时间里，杀鸭子取血，竟成了她日常生活的一部分。

听到任何治肺病的偏方，贾丽娜都要试试。在连续不断的偏方中，让谭彦连续喝公鸭血，可真把贾丽娜难为坏了。市场上虽然有卖活鸭的，但公鸭并不是总能碰到的。为了天天让谭彦能喝到，她除了自己想方设法，家人、同事也尽心相助。有时买多了，家里有几十只存量，虽然她不必为血源着急了，新的麻烦也随之而来。她得在楼下搭建个鸭圈，花不少时间和力气，去买鸭饲料，当"鸭娘"。

对贾丽娜说来，无论买鸭、养鸭的事多费心缠手，都没有杀鸭取血的活更难做。人们常说：小鸡被杀时还蹬蹬腿儿呢，比鸡体量更大的公鸭临死一蹬，岂不更有力量。贾丽娜那样的小身板，很难降住个大体壮的公鸭的垂死挣扎。她心理上就更难承受了，有正常理解力的人都能想象出，贾丽娜与"屠妇"多不般配。但为了丈夫，为了哪怕万分之一的希望，她什么事都愿意做。

第一次杀鸭，要不是谭彦在一边出主意助阵，不知贾丽娜与那只健壮的公鸭相持多久才能取其首级。

贾丽娜一手抓住鸭脖，一手抓鸭腿，待她咬牙切齿把脖子和腿抓在一起腾出一只手操刀时，鸭子疯狂弹腾的腿，已从她手里挣脱，发出令人心惊胆战的哀鸣。

看着这场面，谭彦在一边干着急帮不上忙，一提心劲，喘气更不匀了。

她一下手足无措：谭彦，这可咋整啊？

谭彦只能场外指导：快用脚踩住它的身子，把头剁了！

贾丽娜按谭彦教导，踩住鸭身，不顾鸭拧着脖子扭动，举刀猛砍，因为太紧张，头两刀都没砍中。第三刀下去，鸭子终于身首异处。贾丽娜的脸上也溅上斑斑血迹。她力竭了，刀落在地，愣愣怔怔傻站着。不管她多爱谭彦，多想让丈夫早日康复，但眼睁睁看着一个生命在自己手里结束，心里还是难以承受自己制造的血腥。

"快接鸭血啊！"谭彦的喊声吓她一跳，她似乎突然想起眼前为什么会有这一幕，赶紧拿起酒杯，提起鸭子，把所剩甚少的鸭血控在酒杯里。

　　她很歉疚地把半酒杯鸭血递给谭彦，谭彦一仰脖子喝下了。

　　在谭彦尝试过的偏方中，用刚剖腹的癞蛤蟆"趁热"外用，比起杀鸭子、喝鸭血，不仅是对谭彦、更是对贾丽娜从未有过的挑战。2012年岁末，笔者采访贾丽娜时，回忆起那段日子，她感慨万千：我这一生，除了没杀过人，啥事都干过了。

　　谭彦妈妈从老家听到一个偏方：把活体癞蛤蟆剖开，贴在胸部，以毒攻毒。他们听到、使用过的偏方太多了，知道了马上就试。但谭彦妈妈提供的这个偏方，却没有立即尝试。贾丽娜怕谭彦不敢，自己也无法弄到癞蛤蟆，又不好开口求人。直到谭妈妈打电话问效果如何，他们才决

△ 谭彦与儿子谭绍博

心去试。

一个雨后的夜晚，贾丽娜穿上凉鞋，提着一个带盖的小塑料桶，壮着胆，来到一处群蛙齐鸣的池塘边。她打着手电筒，寻声在草丛水洼找了一会儿，就找到一只。灯光下的癞蛤蟆更显丑陋，贾丽娜不用说动手抓了，光是看看，手电筒就抖得厉害，在晃动灯光下的小丑又添几分神秘，使贾丽娜浑身直起鸡皮疙瘩。她深吸一口气，稳稳神，打开桶盖，把桶放倒，桶口对着"药"，她期望跺跺脚，那家伙受惊后自动蹦到桶里。她一厢情愿地试试，癞蛤蟆没理会，她再跺脚，那家伙动一下，把头移转对着贾丽娜，也许是贾丽娜太急于收获，对方把头转向，她也没太注意。当她再弄出动静时，小丑一跳，正巧落在她脚面上，随着"妈呀"一声惊叫，贾丽娜的手电筒失落在地。受惊的蛙们也突然集体住嘴……

她捂着心口收住惊魂，默默设想：难道我就这样空手而回？如果谭彦用这个偏方一用就好，从此摆脱病苦，不要说癞蛤蟆了，就是抓蝎子抓蛇，也不能不做啊！

她咬咬牙，提起水桶，稳稳地拿起手电筒，脚步沉稳地寻找到一只，她伸手捂住，放进桶里……

回到家，谭彦见抓回五六只，感激中赞美妻子：丽娜你真了不起！为了我，你没有不能干、不敢干的事。

贾丽娜回话：该你了不起了，我们现在就试。

贾丽娜让谭彦脱掉上衣：你闭上眼吧，省得看了恶心。

谭彦笑笑：不用，你都不怕，我常在阎王殿门口徘徊的人，还怕什么。

当贾丽娜一手抓着剪刀，一手抓着癞蛤蟆解剖时，谭彦神态坦然，她倒咬牙闭眼，迟迟下不了手。他不忍这样难为妻子：丽娜，算了吧，咱不用这个方子了。

贾丽娜看看谭彦如此平静坦然，压下一阵阵涌来的呕吐感，一剪子挑开癞蛤蟆腹部，扔下剪子，扒出内脏，"趁热"贴在谭彦胸前，用绷带缠紧固定……

像第一次在谭彦身上"纳鞋底"一样，过了最难的头一道关，以后就顺当多了。丽娜忙了，就由母亲去抓癞蛤蟆做这些事情。

贾丽娜家里有件医院里才用的白大褂。直到谭彦离去，它虽然永远也不会有往日的用武之地了，贾丽娜仍然舍不得丢弃，而是洗净叠好珍存起来，放在记忆中的圣坛。

这件白大褂，不仅见证了贾丽娜，也见证了她的家人、谭彦的同事们对他的一片深情。

吃阴阳瓦焙制的胎盘，是谭彦使用过的偏方之一。

能够不断弄到胎盘，应该感谢谭彦的同事夏宪平。她再三向妇产医院的朋友说：谭彦是一个如何了不起的人，拯救谭彦，延续谭彦的生命，实在是抢救一棵遭劫的精神大树，延续一盏风横雨斜中的精神之烛。产科医院的朋友们倾力相助，尽一切可能提供胎盘。

有了源源不断的胎盘，必须有与之匹配的阴阳瓦。

所谓阴阳瓦，就是过去旧瓦房上使用的纯泥烧制的蓝瓦。这种往日村庄的常见之物，随着城镇化取代传统的乡村建筑，平顶房挤走人字型屋顶，不仅泥瓦制作寿终正寝，扒掉的旧瓦也日益难寻。即使好不容易找到几个，用不几次就烧炸了。

不断寻找旧瓦的事，多由丽娜的大姐夫周秋阳、哥哥贾立夫、弟弟贾立伟承当。只要打听到哪里拆旧房，不管多远，兄弟俩谁有空谁就立马赶去。为寻旧瓦，周秋阳和贾立夫还被恶狗追咬，撕破裤子。

烤焙的活是最折磨人的。微火慢焙的要求不只考验人的耐心，也考验人的细心，稍不留神烤焦糊了，营养成分消失，自然前功尽弃。

一个湿淋淋的胎盘，从放到瓦上到装进胶囊，所费时间、所经工序难以想象。连日彻夜焙干后，再用擀面杖擀成粉末，装进胶囊后，才进谭彦口中。要说擀成粉末，谭彦就能用了，谭彦也愿意到此为止。但贾丽娜坚持把事做得尽善尽美。谭彦平日就咳嗽不断，咳得狠了就想呕吐，她不忍谭彦服用带有浓烈异味的胎盘粉末，不惜多费功夫，装进胶囊，方便丈夫服用。

　　那难闻的气味，不仅让人当时呛得头晕，过后想起那种怪味，还让人忍不住反胃，恶心得直想呕吐。

　　不止贾丽娜一个人烧焙，妈妈见她眼熬红了，代替丽娜干。三女儿丽萍看老母亲熬得日渐消瘦，一样心疼，又争着替换老娘。你替我我替他，像接力赛一样，谁出场都换衣服。那件白大褂，成了一家人传递责任与爱的"接力棒"，在昔日传递，之后珍存。

## → 苦乐相伴

★★★★★

　　谭彦"肝有阴影"、疑是肝癌那场虚惊，惊出一场谭彦不满一岁的儿子为他挖野菜的动人故事——

　　1990年春，谭彦连日高烧不退再次住院。做过B超后，主治医生把贾丽娜叫到医生办公室，语调沉重地告诉她：你丈夫的情况更严重了，你要有个思想准备。

不等医生说完，贾丽娜的泪就下来了，她急不可待地问：更严重了？你说吧，我挺得住。

医生叹口气接着说：做B超时，发现谭彦肝上有阴影，可能是肝癌。现在还不能确诊，再做做CT就有结论了。不是肝癌谢天谢地，如果是，就他这身体状况，剩的日子就不多了。

贾丽娜听到这里心痛万分，头脑一阵眩晕，她急忙伸手扶住桌子。

待她稍稍冷静一会儿，医生特意叮嘱她：你的痛苦和压力我很理解，但不要在谭彦面前流露出来。他已经够受了，不能再雪上加霜了。况且还没有最后确诊。

贾丽娜点点头，擦干泪，转身回到病房。

谭彦瞅瞅丽娜：大夫有什么事，不能当着我的面说，是我的病严重了吧？

贾丽娜苦笑一下：你想哪去了？是让我看看花费单，让单位送支票。大夫不想当着你的面说费用。在任何病人面前说费用，都不是个愉快的话题。

贾丽娜怕把持不住自己，抑止不住泪水引谭彦起疑，想离开一下。她问谭彦：医院的饭没啥味，你想吃什么，我回家给你做？

谭彦想了想：还真说不出来想吃啥。哎？能弄来苦苦菜蘸酱么？一想到这种野菜，这种吃法，就联想到童年，还有初来开发区时，在路边挖苦苦菜的情景。天天吃药，味觉早失灵了，有时想吃什么，不是口腹之需，是心灵之需，要用看得见的实物佐证：美好的往事，确实存在过，它们不是发烧时朦胧依稀的白日梦。

谭彦的诗意诉说，越发使贾丽娜替谭彦痛惜命运的不公，他如此热爱生活，而他生活的落幕时分，也许就在不远的明天。她痛楚抱憾的心潮眼看就要冲决心堤，她没有勇气再跟谭彦告别，急忙走出病房。

谭彦从未见过她这样行色匆匆、不辞而别，纳闷地久久盯着贾丽娜离去后的病房门。

贾丽娜一出病房，头抵在一棵树干上，任感情肆纵，大放悲声……

回到家，她抱起不满周岁的儿子，上山挖苦苦菜。母亲对她的举动心疼又不解：你抱着吃奶的孩子上山挖野菜，怎么能行？

丽娜没有跟妈妈说清她此时的心境，她不能说，不想给她增加痛苦。

她抱着孩子，一路泪水不住，来到附近山岗上寻寻觅觅，泪眼迷离中，她找到了第一棵苦苦菜。她蹲下身子，拔出那棵菜，轻轻弹去浮土，没有直接放进撑开的网兜，而是递到儿子的小手里。儿子拿着那棵菜，笑眯眯来回摇动，期望像玩过的响棒槌一样，能摇出响声。他尚不知道，野菜为什么摇不出动听的声音，他有些失望。这时，妈妈示意他把苦苦菜放到网兜里。出于无趣或者理解了妈妈的意思，儿子把那棵菜放进了网兜。贾丽娜悲泪喜泪一起流着，在儿子脸蛋上亲吻一下。此时此举，没人知道为什么，只有她自己清楚：她要让懵懂的儿子尽一次"孝心"，给他的爸爸献上他最想吃的苦苦菜。也许，这是一次、唯一一次回报父爱的机会。尽管儿子现在不知道妈妈的一片苦心，她会在儿子长大以后告诉他：在他还不会独立行走时，就给爸爸献上过野菜。她还要在祈祷时告诉谭彦，这天，儿子为他做了什么。那一定是天堂里的谭彦最温馨、最美好的尘世回忆……

待 CT 检查结果出来，谭彦的肺病虽然仍在走下坡路，但排出了肝癌，贾丽娜还是难得地开心笑了一回。毕竟，坏与更坏的结果相比，前者是有理由长出一口气的。

然而，无论她付出多少，承受了多少，她都无怨无悔，一如既往深爱着谭彦。

贾丽娜从小备受呵护。她爱美，好穿漂亮衣服，直到结婚，缺钱了就向家里要。在她有了孩子，特别是谭彦生病以后，日子过得拮据后，她才知道锅是铁打的。不仅不再向家人伸手要钱，给她，她也会拒绝。

她偶尔在街上碰上心仪的衣裳，也只能过过眼瘾。她有时不知不觉就中了母亲的"圈套"。她看到喜欢的衣服，会在母亲或姐姐面前生动描述颜色、质地、款式，仿佛说说也是一种拥有，一种满足。赞美惋惜之情溢于言表。每到这时，母亲会装着不经意问在哪条街，哪家店铺。次日，她喜欢的衣服就送到她手里了。她惊喜后抱怨不该为她花这么多钱。母亲总是安慰她：

你除了穿件新衣服高兴几天，还有啥高兴事？

是啊，结婚一年后谭彦就病了，从此就告别了一个女人该享有的正常生活。作为女性，母亲和姐姐们太理解她失去、承受了什么。

贾丽娜父母看着女儿失去太多常人的快乐，就费尽心思补偿一点。他们知道小女儿从小就爱美，这些年来，全身心投入为谭彦治病，又要不时资助谭彦老家的亲人，日子过得紧紧巴巴，连件像样的衣服都舍不得买。二老心里过意不去，就给丽娜买了个金戒指。

那年春节，贾丽娜去吉林探望婆婆，婆婆夸她的戒指好看，贾丽娜当即从自己手上取下，戴在婆婆指间。

贾丽娜也有惹谭彦生气的时候。一天，贾丽娜给丈夫买了好几件衣服，谭彦一看就生气地批评她：你自己连一件好衣服都舍不得买，给我买这么多东西干什么？

妻子好言相劝：暖暖，先别生气，看着多，没一样多余的。这双皮鞋软底软帮，而且轻便，最合适你穿；这件马甲也很轻，穿上帮你撑衣服；这条衬裤很厚，既保暖，也能达到撑衣服的效果。这样，开庭时，你就会显得更加魁梧……

由于过于瘦弱，为了在判案时增加一点法官的威严，炎炎夏日，他也要套一层厚厚的衬裤，脖子太细瘦，制服衣领显得太空，他就用夹子在后面夹住衣领，显得挺括些。

虽然贾丽娜知道丈夫穿什么也"魁梧"不起来了，但"撑"一些，总会增加点尊严啊。

贾丽娜的生活实况，很少人知晓。为了谭彦男子汉的尊严，她极少在同学、朋友中说起丈夫的健康状况。因此，当谭彦事迹报告团在讲述了谭彦的故事和贾丽娜的默默承担后，现场的同学惊讶不已，与她抱头痛哭，责怪她为啥不跟大家说一声，也可以帮她分担一些。

贾丽娜平静超然地回答姐妹们的好意：为了谭彦，我早已不是昔日的贾丽娜。谭彦的精神重铸了我。我的肩膀，已经磨炼得什么事都扛得起。

1994年秋天，大学校友聚会，非让她去不可。谭彦也催她出去散散心。饭后唱歌时，同学点时代感强的歌，让昔日的小百灵唱，贾丽娜一个也不会。有同学拉她跳舞解救她的尴尬，她一起步就踩在人家的脚上，使救她场的人同陷难堪……

尽管贾丽娜比正常家庭的妻子有太多的承担，但她也有自己特有的自豪和快乐。她在各种场合表达不变的心声：虽然丈夫重病缠身，常常尽不到一个男人应尽的责任，但在我心目中，他是真正的男子汉。他对工作的执着令我感动，他对病魔的乐观态度，对生活的热爱，给了我与儿子许多欢乐和负重前行的力量。正是这些，支撑起了我们这个家，使我们在艰难中伴着欢乐。

谭彦对妻子的爱与感激，在他的身体难以自顾时，还让她深有感受。

由于常年营养不良、操劳过度、透支体力、缺少睡眠、忧心忡忡，贾丽娜年纪轻轻就患上胆囊炎、眩晕症、低血压、贫血等多种疾病。一天，贾丽娜上班时晕倒了。同事们送她回家前，她一再叮嘱：这事千万不能让谭彦知道。但还是有人不小心说漏了嘴。

同事们走后，谭彦强撑着虚弱的身子，不顾妻子的阻拦，摇摇晃晃到菜市场买回几样妻子爱吃的菜。他本想让贾丽娜吃一顿久违的、他亲手做的饭菜，然而力不从心，他提着菜一进门，就瘫坐在沙发上，剧咳得有上气没下气，挣扎了几次也站不起来。直到他稍稍恢复一点体力，到厨房给妻子煮了几个鸡蛋端到床前。虽然谭彦未能如愿给妻子做顿可口饭菜，但贾丽娜已经心领了他的一片真情。她就着动情的泪水吃着鸡蛋，心中涌来无尽的温暖慰藉……

在弥漫着中药味、消毒水味，经年累月床头立着吊瓶架的屋子里，因为有爱，照样有其乐融融、欢笑声声的时候。在打吊瓶的时候，谭彦会给儿子讲自己的童年趣事，把儿子带回他遥远的故乡，儿子也会坐在他身边，用《皇帝的新衣》等故事，把爸爸带进或神秘或充满幽默智慧的童话里。

谭彦最能逗妻儿同声大笑的拿手好戏，是他模仿赵本山说相声。虽然躺在床上的他，做不成更多的肢体动作，仅仅是那酷毙的地道声调和面部表情，就足以让母子俩笑得前仰后合。

儿子出生时爸爸就需要"全休式治疗"，儿子也失去了许多儿时快乐。尽管爸爸逗他欢笑的时候也很多，但他从没有这样的狂欢时刻：骑在爸爸脖子上，"驾驾"驱马奔驰。即便两个舅舅这样宠他，那跟把爸爸当马骑的感觉，还是不一道味儿。

谭彦何尝不知道自己对儿子的亏欠呢。

又到了六一儿童节。头天晚上，七岁的儿子虽然平时很懂事，不提过分要求，但小小年纪，总有抵不住诱惑的时候，何况是孩子特有的节日呢？儿子试探着对妈妈说：明天，很多小朋友都说，爸爸妈妈要带他们去市内逛公园呢。我呢？

贾丽娜知道儿子的想法并不过分，她只能好言安慰：好儿子，你爸爸要打吊瓶，妈妈不能领你去市内逛公园。明天我领你到近处的炮台山玩儿吧。

儿子虽懂事地点头同意，但小脸上仍掩饰不住失望。

谭彦不仅捕捉到了儿子失望的表情，也为自己连累儿子如此平凡的期望于心不安。他思索片刻，突然给儿子一个惊喜：儿子，明天爸爸陪你去炮台山。

儿子不太相信自己的耳朵：什么？爸爸！你陪我一起去！真的吗？

谭彦笑笑：爸爸从来说话算数。

贾丽娜也大感意外，不解地看着谭彦。

谭彦对妻子说：明天早点打针，把好时光腾给儿子玩。

贾丽娜释然地笑了。

"六一"黎明曙色微露，儿子还在梦中，贾丽娜就给丈夫挂上了吊瓶，早早打完针，一家三口去了炮台山。

满山遍野的花草，荣了又枯，枯了又荣，岁岁年年，无限往还，而谭彦陪着儿子问花访草，还是头一次。炮台山花开花落、草荣草衰的自然画卷，还将继续倒映在溪水里，而这天留在儿子心中的红花、碧草、鸟语、泉歌，却永远在心中定格，在记忆里永存。

随着无可救药的病情发展，谭彦的体重日渐"蒸发"，1.76 米的个子瘦得不足 80 斤。他的体型越来越令人痛心地联想到"骨瘦如柴"。即便到了这份儿上，谭彦还在尽心尽意，要给妻儿制造快乐气氛。

一天晚上，他见贾丽娜格外疲惫，心情也不佳，沉闷的氛围，使儿子也不开心。谭彦想用自己的拿手好戏给母子俩逗个乐，就模仿赵本山说《小草》那个相声。

像过去一样，他先撮了个老太太嘴，他本来瘦得颧骨突出，嘴唇薄而苍白，只有那双大眼睛依然大而有神。贾丽娜看一眼他那比真老太太还要老太太的吓人样，心酸地移开了目光。

"没有花香，没有树高，我是一棵……咳咳……一棵……"无论他怎样努力，怎样挣扎，抑制不住的连声剧咳，还是淹没了他的歌声。

儿子还是笑了，只是那笑不是发自内心，而是勉强笑一笑。爸爸这个样子还要唱歌，应该用笑鼓励，用笑答谢。

贾丽娜本想装笑，可一声没笑到头，就变成了哭，她太伤感、太悲痛，无论自己怎样牺牲付出，梦想、祈祷谭彦出现奇迹，而奇迹却越来越渺茫。不管谭彦心里对妻儿有多深多重的爱，他已不能如愿送达，连最轻松快意的相声，他也弄得这样"凄美"……

随着谭彦的故事进入亿万人的视野，他背后的贾丽娜为他所做的一切，也被人广为称道。无论对身边人还是对各级领导、八方新闻媒体谈起自己为谭彦做了什么，她的回答总是那么真实无华：两个人既然终生相托走在一起了，无论顺畅还是坎坷，幸福还是磨难，都应该坦然面对，携手前行。我相信，如果我与谭彦调换一下角色，他也会像我待他一样，不弃不离，相濡以沫。我为他做的，都是作为妻子能做的，该做的，只不过很尽心地尽了自己的责任和义务。

→ ## 始终不渝

★★★★★

随着谭彦身体每况愈下，贾丽娜轻松快乐的日子也离她愈来愈远。她以前与谭彦度过的那段短暂的、无忧无虑的时光，不仅难以再现，也不敢轻易回忆。因为一忆起，再坚韧豁达的心也难免伤痛。

有时晚饭后天气好了，两人出去散步，看到街上男子骑自行车带着自己的女人悠然而去，贾丽娜无论心里多羡慕，也不敢盯得太久。她怕谭彦发现她伤感的目光心生难堪。昔日他们谈恋爱时，谭彦曾骑车带着她，驮着两颗甜蜜的心，漫无目的缓行在铺满夕晖的乡村小道上。而今天，也许还有明天，谭彦永远也没有力气骑车带她放飞快意了。

现在出去"散步"，只是"散心"的代词，他们已经难以双双正常散步了。爱情季节的春日踏青，已经永远随风而逝。谭彦刚犯病后，贾丽娜陪着他去走访当事人。她个子矮，为了免于谭彦扭头说话，她就常常在他前面倒着脚走路，便于目光交流。再者，也为保护谭彦的身体和他的自尊心。她若与谭彦携手并肩，作为男子的谭彦，已经无力让她"小鸟依人"，她若用力搀扶谭彦，男人的尊严感就被她扶丢了。各走各的，他个子大她个子小，谭彦与她交谈，就得侧脸低头，她不忍让他多消耗体力，于是她就想出自己倒退着走，既方便他们目光交流，她又能看着谭彦喘气的急缓，适时调节步子的快慢。

此后，贾丽娜倒着脚走路的功夫，又用到了陪丈夫加班办案上。

常年靠晚间在家打吊瓶退烧、白天坚持工作的谭彦，有时不得不靠氧气来维系工作。不难想象，他审理的每一桩案子，都比健康人困难多少倍。即使这样，他接手的每个案件，无论路途多远，他的身体多么难以承受，都坚持亲自查证，不放过任何疑点。有时白天找不到当事人，他就在下班后利用吃晚饭的时间，到当事人家里送材料或者深入了解情况。每一次出去，妻子都会陪着他。他们走走停停，妻子尽可能表现出轻松散步的样子，为的是让丈夫不致于因走路既吃力又迟缓而着急。

直到今天，贾丽娜倒退着走路的本事依然超群。那是陪丈夫练就的。

为了让丈夫得到丰富的营养，她每天都利用午饭后别人休息的空闲，风雨无阻地到附近的农贸市场卖各色蔬菜和海鲜。晚上下班回家，按谭彦的口味精心烹制，只要她看到丈夫哪天多吃一口饭菜，她就特别高兴。她知道，多摄取一点营养，就多一分抵抗病魔的力量。

谭彦长期吃西药吃出了抗药性，就改成中西药兼用。抓药、熬药，成了贾丽娜每日的必修课。到了冬天，谭彦怕冷，熬药时不敢开窗通风，浓浓的中药味在屋里弥漫，把谭彦呛得愈发喘不过气。妻子心疼谭彦，宁可自己多辛苦一些，她把药在母亲家或者姐姐家熬好后，再取回来给谭彦喝。

单位强迫谭彦在家休息后，贾丽娜又多了一份担忧：她上班的时间，谭彦会不会出什么意外？下班后惶惶然走到家门口，却又不敢急于开门，她怕猛然开门出现想象中最可怕的情景。她先稳稳神儿，侧耳听听里面的动静。如果听到咳声，她心疼，但也有安慰，谭彦毕竟又活过一天。若里面悄无声息，开门后黑灯瞎火，她的心就会猛然一沉，抖着手拉开灯，直奔谭彦床前。在轻轻推摇中，她看谭彦慢慢睁开眼，或迷迷瞪瞪说给我点水喝，贾丽娜悬着的心才会实落，赶紧服侍丈夫。

　　多少年来，贾丽娜没有享受过一次"春眠不觉晓"的沉睡香梦，即使在梦中也忧心忡忡，生怕谭彦睡了不再醒来。她最大的梦想，就是能好好睡一觉，然而那是不可能的。

　　贾丽娜睡觉的"最佳"时间，是晚间中央电视台《新闻联播》。谭彦每天必看这个节目，她就趁这段时间打个盹。

　　她常年累月缺觉。一次她在车上接受记者采访，实在太困，眼皮老想合上。她就提醒自己：丈夫在医院生命垂危，你还打瞌睡？不怕人家说你没心没肝？然而，她真的头脑昏昏，眼皮老打架。实在挺不住了，她就隔着裙子狠劲掐自己的腿。回去一看，腿上留着好几块"自虐"的青紫掐痕……

　　谭彦年年月月夜夜或强或弱的咳嗽声，已经成了贾丽娜特别的"催眠曲"。偶尔听不到丈夫的咳声，她就心神不宁，做出种种可怕的猜想。她对咳声异常敏感，有时因事推迟了打吊瓶，凌晨一两点钟才拔掉针头的情况也不稀见。即使这样的夜晚，只要听到咳声，她仍然会闻声而起，给他捶背倒水。哪夜她醒来若听不到谭彦的咳声，她会在胡思乱想中伸手试他的鼻息，摸他的心跳，号他的脉搏……

一天夜里，贾丽娜一觉醒来，没有听见丈夫的咳声。她先是庆幸：谭彦总算睡一次难得的安稳觉。然而，正当她又要沉进梦中时，一个疑问让她猛醒：谭彦今夜怎么会不咳嗽呢？不正常啊！难道……她不敢多想，急忙把手放在谭彦心口。虽然她感到了他的心跳，仍不放心，又推推谭彦。她见谭彦翻了个身，确认丈夫确实"没睡过去"，自己才舒了口气……

# 谭彦的身后

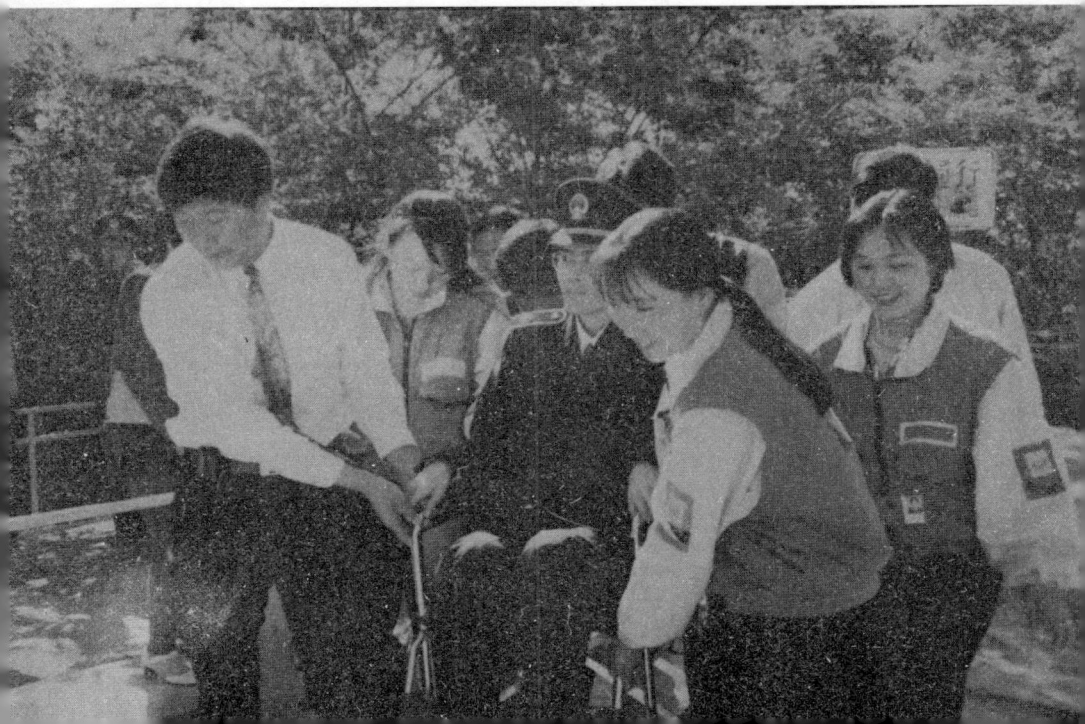

# 谭彦与岳父

★★★★★

谭彦的岳父贾庆印喜欢谭彦，珍惜谭彦，对他比对亲儿子还好，谭彦也对岳父满怀感激，敬重有加。

贾丽娜知道父亲在谭彦心中的地位和分量。她在月子里劝谭彦按医生要求"全休治疗"，谭彦坚持"边工作边治疗"。那次，贾丽娜也曾搬出父亲出面说服谭彦。

岳父语重心长：孩子，你要爱惜自己的身子，你和丽娜还年轻，你们以后的路长着呢。

谭彦言辞殷殷把心托给岳父：对人来说，绝对公平的事有两个，一是时间，二是死亡。不管你做事不做事，时间总是不停地走；不论你怕死不怕死，早晚都得死。让我躺在病床上消磨时光，不如让我出院，工作照样干，吃药打针也不误。

听了谭彦这番大彻大悟的话，老人更理解女婿了。当即成了"边工作边治疗"的支持者。

贾庆印对谭彦的支持，可是实实在在的。谭彦在开发区有新房后，为方便他上班，从新港搬回开发区住。年老多病的老人宁可不要老伴照顾自己，也愿意让老伴跟谭彦一家住，给他们洗衣做饭看孩子。

开发区法院给谭彦分房后，无力、无钱、也无时间稍作装修，岳父岳母凑钱买来装饰材料，利用晚上和星期天的时间，带领儿子和大女婿，为谭彦装修房子。就连锅、碗、瓢、勺，二老都购买得一应俱全。

岳父见谭彦身体越来越差，走访当事人、给领导汇报工作、与同事交流情况很费力费时，就与老伴商量，凑三千元为谭彦家装一部电话。

一天，谭彦和夏明宇一起到公共浴池洗澡，在给谭彦搓背时，个大力大的夏明宇觉得没怎么用劲儿，就把瘦弱的谭彦按趴下了。他赶忙把他扶起来。那天回到家里，谭彦向妻子说了澡堂里的尴尬一幕。岳父知道此事后，跟老伴合计后，出钱给谭彦家买了一台桑拿浴箱。从此再也不用去公共浴池了。

1994 年 7 月初，谭彦不顾连日高烧不退，接连开了好几次庭。他终于支撑不住，被同事们送进医院。像每次谭彦住院一样，贾丽娜在医院陪着，娘家人不光照管她儿子，还要奔波送饭。

7 月 12 日，正在病房陪护谭彦的贾丽娜的电话突然响起，她一看来电号码，心头猛然一颤。她急忙来到走廊，电话里传来婆婆的哭声。老人哽哽咽咽告诉她：谭彦父亲突发脑溢血去世。她知道儿子常年身体不好，不敢把这个噩耗直接告诉他，让媳妇看看这事咋办。

过去谭彦住院，贾丽娜都自己扛着，不愿让谭彦的家人跟着痛苦操心。她知道：谭彦妈妈在一家小厂上班，常常拖欠工资，他的姐姐、弟弟也老害病，靠爸爸一人撑着一大家，日子并不轻松。眼下，愁事挤到一块儿了，贾丽娜不得不告诉婆婆：谭彦正在住院，而且病情特别严重。不仅难以奔丧，怕是一听到这个噩耗，就可能把他彻底击倒。她征得婆婆同意，这事先对谭彦保密。她安慰婆婆：虽然谭彦不能回去尽孝，她一定会尽其所能，把丧事办得体体面面，尽心尽力对得住辛劳一生的公公。

挂断电话，贾丽娜虽然心头压力很大，也承担了很多，她还是觉得愧对谭彦。她虽然一片好心，但也担心以后谭彦埋怨她。她来不及考虑太多，公公在灵堂上躺着，她必须在谭彦不知情的前提下，争分夺秒处理后事。

她泪流不止给二姐打电话，请她赶快到医院替她。

她擦干眼泪，挤出一点苦笑告诉谭彦，单位有急事让她去一下。

她火速找到单位领导汇报情况后，领导也认为：眼下不能把父亲去世的消息告诉谭彦。不能让谭彦的生命雪上加霜，想尽一切办法，能瞒多久就瞒多久。

贾丽娜一回到父母家，瘫坐到沙发上泣不成声。老爹老妈安慰许久，贾丽娜才哽咽着说了谭彦爸爸去世的事。她说让二姐先陪护谭彦几天，她去集安给公公送葬。

贾丽娜的父亲想得更周全，贾老先生忧虑：谭彦这个样子，你几天不在身边，他会不追问猜想？万一谁说漏了嘴，他一心痛上火，出个三长两短，你远在千里，后果不堪设想。

听爸爸这么说，贾丽娜更为难了：这可咋整？这可咋整啊？！

贾庆印拍拍女儿的肩膀说：有你老爹老娘在，还有过不了的独木桥？照我说的做：你像往常一样在医院陪谭彦，我代谭彦和你去集安奔丧。

丽娜扑在爸爸怀里哭够了，又急忙赶回医院。

这天夜晚，当贾丽娜一口一口给谭彦喂饭时，贾丽娜的母亲和二姐正在收拾远行的行包。贾庆印老先生此时不在家，年逾70的老人正一怀愁情，披着星光到亲戚朋友家借钱呢。

第二天早晨，贾丽娜用湿毛巾给谭彦洗脸时，两人的脸离得很近，谭彦看见妻子眼泪汪汪的，关切地问：你今天怎么老掉泪，是不是我的病恶化了？

妻子反问：难道你自己感觉不到你在好转吗？你的咳嗽声不是比昨天稀少多了吗？我流泪是揉眼时把睫毛揉倒了。

在他们对话的时刻，贾老先生怀揣足够的丧葬费，在二女儿贾丽君的陪伴下，从大连火车站起程，奔向吉林集安。

贾庆印和二女儿在北去的火车上心急如焚。谭彦想见儿子的念头也更强烈。虽然儿子前几天来看过他一次，因为他烧得晕晕乎乎，与儿子的对话不超过五句。她请求妻子，抽时间把儿子带过来让他看看。

虽然贾丽娜答应得很爽快，但直到出院，儿子也没出现在病房。

在这个特殊时期，贾丽娜不能让他见儿子，她怕"小孩嘴里吐实话"，坏了大事。

在大家苦心呵护下，谭彦终于出院，重新回到工作岗位，并一如既往，偿债一样拼命投入工作。

有一天，他纳闷地问妻子：我给妈妈打电话，老是没人接，给爸爸打电话也没人接听。给爸爸单位办公室打电话问情况，说是到南方出差了，打电话不方便。

贾丽娜怎么可能告诉他谜底：婆婆不接儿子的电话，还是她的提示。因为她一给婆婆打电话，老人就泣不成声。若是听到谭彦声音，一定克制不住大放悲声。

为尽可能长久地保住这个秘密，好心的同学、领导、同事、亲朋们，齐心协力把"谎言"编圆、编大、编密。

然而，善意的谎言终将还是被谭彦捅破了。

多年来，单位同事知道谭彦老家出产山货，为了买到真品，每到秋季，就托谭彦跟家乡联系，让乡亲留些人参、核桃、木耳、蘑菇、榛子等。父亲去世百日那天上午，他看到窗外树叶已经泛黄，秋意已深，陡然联想起，又到山货收获时节。他立刻拨打电话。

像以前一样，爸爸、妈妈的电话都没打通。他又拨二叔单位办公室电话，这次打通了。接电话的人告诉他二叔不在，家有事请假了。

谭彦若是就此打住，他还会继续蒙在鼓里。然而他多问了一句：我二叔家有什么事？这一问，大家经营了百日的秘密顷刻破解。

人家说：他给哥哥过百日祭去了。

晴天霹雳！他手里的电话差点掉在地上。正值上班时间，他怕影响办公，捂着嘴趴在办公桌上低泣……这些年来，母亲收入微薄而不定，姐姐、弟弟又身体不好，爸爸虽然犯过一场大病，为支撑这个家，放弃病休，坚持上班。

自己身为长子，没有能力承担该尽的责任。他悲痛，他自责，百感交集中，他再也压抑不住哭声，伏在桌子上的瘦弱身子越颤抖越强烈……

有同事急忙跑到贾丽娜办公室通报情况：不好了！谭彦知道他父亲的事了，哭得快没气了，你快过去吧！

谭彦怎么会不肝肠寸断呢？父亲是他自幼敬仰依靠的精神大树。最亲近最敬爱的人去世时，他连最后一面都没能见，连一炷心香都未奉上，直到去世百日，他才为父亲一挥长泪。他想着：直到今天，黄泉路上的父亲，一定还在遥望尘世，遗憾长子没给他送行。

贾丽娜赶紧跑到谭彦办公室。在场的领导、同事见贾丽娜进来，都悄然退出去，期望让妻子单独劝劝他。贾丽娜关上门，轻轻拍着谭彦的后背，一句话也说不出来。贾丽娜知道谭彦与父亲感情深厚，在这个时候说什么话，都不会止住他惨然迸流的心血。既然知道了，就尽情地哭一场吧。贾丽娜只有陪着他哭，不断为他擦泪……

午饭时间到了，同事把饭送到办公室，劝谭彦一定得吃些东西。本来身体就不好，过于伤痛坏了身体，九泉下的老人也难安眠。

谭彦虽然很想让同事看到，他们劝解很有成效，答应吃饭，并把饭碗挪到跟前，但同事离去后，他拿着的筷子在抖索中失落，泪水止不住扑落在碗里。

按照日程，当天下午谭彦还要开庭。院领导找到谭彦说：下午的日程改一下，就不要开庭了，一会儿派司机把你和小贾送回家，先休息一下吧。

谭彦谢了领导的关照，坚持自己的家事不能影响正常工作，一定按时开庭。

开庭时间到了，贾丽娜怕极度悲伤、连午饭都没吃一口的丈夫在开庭判案时出现意外，提前坐在旁听席上。接下来的一幕，她简直无法相信自己的眼睛。谭彦平静坦然地走进法庭，威严地坐在审判长席位上。不知情的原告、被告、律师们，绝对看不出审判长有任何异常。

谭彦扫视一眼现场，见妻子也在旁听席后排坐着，并不断抹泪，他凌

厉的目光直逼贾丽娜。妻子理解他的目光，他是要把她"驱除出庭"，怕她在场影响他的思路。

贾丽娜识趣地被他逼了出去。

法庭按时开庭，谭彦在断案。贾丽娜并没有远去，她在门外透过门缝注视着谭彦，含泪祈祷他千万别突然倒在法庭上……

审案圆满结束后，在下班回家的途中，谭彦和妻子拐到一家祭品店买了黑纱、烧纸。一回到家，谭彦就朝着家乡面北长跪，点燃纸钱，撕心裂肺哭嚎：爸爸啊——儿子对不起您哪！

他当时责怪妻子：这事你怎么能瞒着我啊！就是用救

护车把我拉回去，也该看老人最后一眼。

当谭彦知道岳父替他奔丧，悲伤与感恩的泪水带出肺腑之言：老岳父代女婿为父奔丧的事，满世界难找第二家！

谭彦不是贾家的儿子，岳父岳母对他比亲生儿子还亲，让他永远难忘。

谭彦强烈要求回故乡给父亲上坟，探望一下母亲和家人。这种心情谁都能理解。但他的身体状况又实在承受不了。最后，又是贾老先生想出了两全之策：把谭彦的妈妈、姐姐、弟弟、弟媳和孩子全部接到大连。在谭家团聚的日子里，贾老先生还为谭彦的姐姐四处求医看病。在圆满的相聚后，谭彦母亲才带着一家人的依依不舍告别大连。

岳父对谭彦真好，好得罕见，好得绝版。这个正直高尚的老人，无数次对家人说：我为有谭彦这样的法官，这样的女婿自豪。我们做亲属的，应该在工作上、经济上支持他、扶持他。

岳父对谭彦的好，有时好到背离常情、令人讶然的份儿上。一天，谭彦岳母听说老伴病了，便匆匆赶回新港的家。进门后，刚问两句老伴的病情，贾庆印就十分不耐烦，劈头盖脸地训斥她：女婿病那么重，还忘我工作，真是令人敬佩，在咱家谭彦是最重要的，你快回去照顾他吧！

他不让王延芳歇歇脚喘口气，就把她撵回了开发区谭彦家。

岳父常年坚持剪报、分类，根据每个孩子的工作性质，分发给他们。还要适时给他谈读后感。谭彦到北京住院后，岳父怕他缺书读，就买好书寄去。在谭彦去世前几个月，他又托人给谭彦带去一批剪报。按多年惯例，谭彦打长途电话向岳父汇报阅读收获。

在谭彦的遗物中，许多书都是岳父给他买的。

# → 谭彦与岳母

★★★★★

　　自从谭彦犯病以后，他的岳母王延芳，真是对他用尽了力，操尽了心。为了给女儿腾出手照顾谭彦，她常年在小女儿家做"老保姆"。其实，自己的孙子也需要她照看，可是她没有分身术，外孙天天能得到外婆的宠爱呵护，孙子只得哭哭啼啼，早早送到幼儿园。

　　她虽然常常累得腰酸背痛，但这不是她最难受的，骨肉之苦歇歇就能减缓，而日日摆脱不出的焦虑心痛，才是她经久不愈的伤痛。她心疼女儿，她能替女儿多分担，她心疼女婿，却无法替他分受病苦。她也只能千万遍祈祷：老天开眼，让谭彦这样的好人少受点罪。

　　她为谭彦祈福拜观音的故事，可谓感人肺腑、感天动地。

　　大连经济技术开发区附近，有座林密峰峻的大黑山，当地居民习惯称其和尚山。民间相传：明代有两个和尚在此斗法比武，数日难分高下，引来附近看客如云。南海观音菩萨闻讯后，驾彩云莅临大黑山，劝止他们结束酣斗，令一和尚去化缘募资，一个在山上操持建筑庙宇。

　　庙宇落成在佳木挺秀、远闻黄海涛声、近听鸟鸣泉唱的超凡脱俗的清雅之境。观音菩萨留恋此地，就在这里长住下来，这座庙便命名观音阁。

由于两个和尚比武、当地民众围观助威始于农历三月十六，人们就把这个日子定为庙会日。到每年的这一天，附近的村民都会来赶会。虽然平日也有人到观音阁祈福或还愿，但农历三月十六日这天，烟火更盛。人们相传：这天祈请菩萨的事最灵验。

一天，王延芳得空跟同院的几个大妈唠家常。说不几句，她就不由把话头拐到谭彦身上：我女婿得这个病啊，全家跟着犯愁。他的病要是好了，不知会给多少人带来福气。

一个老太太帮王延芳出主意：去观音阁求求观音菩萨，让她保佑你女婿病好了吧。

王延芳将信将疑：能管用吗?

那位老太太说：心诚则灵。就你这把年纪，能爬上 360 个台阶，就顶一百个诚心。菩萨会看见的。

去求菩萨的念头，就此植根在王延芳心里。

1993 年春，谭彦又一次病重住院。岳父岳母又是愁得夜夜难眠。农历三月五日晚，王延芳决定去拜观音。贾庆印虽然不相信有什么神力能驱除人类的不治之症，他也没有阻拦老伴。他很达观：尽管他认为老伴给观音磕多少头都是白磕，但只要老伴称心如愿，去去心病，就不算白去。

历年来，三月十六庙会日香客如云，去晚了很难挤到神位前。凌晨 4 点，王延芳在大女婿周秋阳、大儿子贾立夫、小儿子贾立伟的陪伴下，走进沉沉夜色。从山下到山顶的观音阁，有 360 个台阶，她摸黑爬了一会儿，已累得气喘吁吁，汗流满面。儿子劝她歇会儿再爬，她不肯，她说菩萨在山顶看着呢，被人搀上去，表达不了她的诚心。

再爬一会儿，她的腿脚实在挺不住了，她就脚手并用，脚蹬手扒，一级一级往上爬。儿子女婿看不过去，要搀扶着她走，她决绝地推开他们，坚持独自前行。她要让菩萨看看，她的心有多诚，意有多切。裤子膝盖处

△ 谭彦病重住院，儿子谭绍博过生日，表姐周小丹、表哥贾光琪一起为其庆祝生日

磨烂了，她没有停；膝盖和胳膊肘磨破了，她仍坚韧不拔往上爬……小儿子看着匍匐般爬行的母亲，泪流满面暗暗祈祷：观世音啊！你要是真的像传说中那样慈悲，你就该施展神力，让我母亲长出天使的翅膀，转眼间飞升到你脚下……

她终于头上流着汗，膝盖流着血，在黎明前的寒风中，第一个跪在菩萨神像前。她颤抖着手点燃香火，声泪俱下殷殷祈祷：大慈大悲的观音菩萨啊！我儿谭彦是个大好人哪……他跟我女儿都还年轻，孩子还小，请菩萨保佑我儿平安……

听着老人杜鹃啼血般的泣诉，身后陪她跪着的三个孩子也忍不住失声痛哭。

虽然岳母心中的菩萨没能如她所愿，解除谭彦的病苦，她自己却成了谭彦生命中的"菩萨"，日复一日，年复一年，把自己的生命化作延续谭彦生命的燃油，使谭彦的生命灯火，在八面临风中，一次次烧掉医院的病危通知、"死亡判决"，顽强燃烧，灿烂了自己，照亮着世界！

王延芳老人对谭彦的爱，还体现在不厌其烦地见人就打听，治疗肺病的各种"灵丹妙药"。

1995 年 9 月 22 日上午，老人像平日一样，清理过给谭彦熬中药的药罐，泡上一副新药，再动手整理屋子。待一切收拾停当，拎起提篮，去菜市场采购。

她正走着，被一个女人的吆喝声吸引：卖药啦——卖药啦——澳大利亚进口的特效药，不管得的是什么病，五脏六腑的病都能治。一管见效，两管保证去根儿！

王延芳老人一阵惊喜：世界上还有这样包去百病的神奇妙药？她不由自主紧走几步，赶紧上前看个究竟。

围着卖药女人的另外两个女人见老人走来，一个忙说：这药太难求了，我买两管！

另一个犹犹豫豫问：这药是真的吗？真有你说的那么神奇？

不等卖药女人回话，声言要买两管的女人接住话茬：没错，我弟弟在外贸工作，常从外国带这种药给我爸吃。我爸原来一身病，就是吃这种药，现在活蹦乱跳，跟换个人似的。我可不能错过这么好的机会，买两个备用。我弟弟说，在国外买这种药也得三千多快一管，一加进口关税，就更贵得邪乎。一般二般的人谁吃得起啊！

卖药的女人笑了：这位大姐识货。知音难寻哪。我也不死搬着两千五了，不打算赚钱了，只收个成本价，两千一管！给大姐个朋友价。

得到"朋友价"的女人好像生怕对方反悔，立马掏出钱包查钱。

那个犹豫的女人不再犹豫，央求卖药的：我也随她的价钱拿两管吧。

卖药的摇摇头：不能让我白赚吆喝，一管按朋友价，一管你得多少叫我有点利。

第二个买家坚持跟别人一样价，卖药的说你不加价就算了，反正我的货不多，不难卖。两人就这样僵持着。

似乎在不经意间，三个人不时交换着狡黠的目光。这一切，王延芳老人浑然不知。

王延芳一听"货不多"，赶紧问卖药的：这药能不能治肺结核？

卖药的女人指天发誓：骗老人老天爷都不愿意。不仅能治肺结核，比治其他病更有奇效。我敢保证：一管见效，两管去根儿，三管永不复发。大娘啊，我一听您喘气那么急，就知道您老人家肺不好。人年岁大了，有个金山银山，都不如有个好身体。啥钱都可以省，就是不能省吃药钱啊。

王延芳老人摆摆手：我的肺好好的，是走路急了喘气不匀。是我女婿有肺病，想给他买药。真要是三管永不复发，我就买三管，你给我啥价？

卖药的女人回话前先咂舌：当岳母的舍得花大钱给女婿治病，天底下难找啊！你老也看见我咋卖了，就凭着我对您老人家佩服得五体投地，价钱您说哪儿是哪儿。要不是有成本价压着，我愿意白送给您。

王延芳老人听得心头发热，感激地说：天底下还是好人多啊！我得先代我女婿谢谢你！人都不容易，你的好心我领了，可也不能让你赔钱。给我个成本价行不行？

卖药的女人爽快豪气地回答：我说过了，大妈愿给多少给多少。

王延芳老人着急带着歉意：我身上可没带那么多钱哪，得回家取。

卖药的女人显得通情达理：谁会出门带那么多钱，不是尽叫小偷骗子看见着急么。你回家拿吧。

王延芳老人走几步又回头说：人老了脚腿慢，你可一定等着我呀——

卖药的女人信誓旦旦：做人做生意，都讲个诚信，等你到天黑，我也不会挪地方。

老人平生不愿亏欠别人，她怕人家等得太久，一路小跑从家里拿来六千块钱，还对"诚信"等她的卖药女人千恩万谢。

手里拿着样子实在不起眼的三管药，老人像托着希望之星。她梦想着：这如同天外飞来的灵丹妙药，谭彦一吃，药到病除，女婿从此摆脱病魔折磨，丽娜也将告别度日如年的沉重生活，过上轻松愉快的日子，她也可以腾出空，照料一下孙子，多陪陪老伴。虽然她平日节俭持家，一下子拿出一大把钱，她一点也不心疼。别说六千了，就是六万，就是倾家荡产，只要能治好谭彦的病，她也在所不惜。

贾庆印从外头一回来，她就急不可耐地让老伴分享她的成就，她的意外之喜，她多年来少有的快慰。贾老先生听罢她的奇闻，嗡一声头就大了。他预感到老伴上了骗子的当，他拉起老伴就往街上跑。两人喘着粗气来到买药的地方，只见空无一人，只有电线杆在老地方，见证着那桩可耻的骗局。

他们仍抱着最后的希望，急急火火赶到医院鉴定，贾庆印的判断得到确认：王延芳真的买了假药。

王延芳老人懊悔不已，想着家人都会埋怨她无可挽回的失误，可谁也没有责怪她一时犯傻。因为都能理解，她太急着谭彦病好了。

贾庆印还安慰她：受骗上当有时是难免的，国家做买卖还有上当的时候呢，那可不是几千块钱的事，都是上千万、上亿元的。再说，这药是假的，你对女婿的一片心却是真的。

谭彦出院后，岳母对他说起此事，不禁恨意难消。她"指示"女婿：哪天公安抓住这伙骗子，案子要是交给你审，你给我多判几年！

谭彦开导岳母：妈，你对我的恩德天日可鉴，我下辈子也忘不了。可我还是要跟您老说：即使有一天抓住这伙骗子，案子真的让我审判，我也只能依法判决，按罪量刑，而不能因为她们骗过您，我就加进个人感情，有意重判。

虽然岳母知道女婿说得对，平时也特别赞赏他秉公办案，铁面无私，但今天说的是亲手骗她的人，她就在情绪上一下转不过弯。她没跟谭彦争辩，只是一脸不悦地躲进厨房生闷气去了。

这就是谭彦。即便面对假设的事，只要议题事关原则，也会像真事一样毫不含糊。

谭彦的爱较真儿，体现在日常生活、朋友交谊时，有时认真得可爱、可笑，有时甚至让人觉得不可思议。比如在午饭后休息时，几个同事凑一起打两把扑克，只要他发现谁作弊，不按规则出牌，他就跟谁"急眼"。

在同龄人中这样，在与岳父的对弈时，也是这个德行。平时，谭彦对恩重如山的岳父敬爱有加。两个人都爱下象棋，节假日亲戚团聚，翁婿在楚河汉界摆兵布阵，谭彦"忠于规则"的劲头立马就上来了。有时岳父走一步错棋，哪怕把棋子移动到新位置上两秒钟就悔棋，谭彦也绝不许可，两人在长久的僵持中，争得脸红脖子粗，给聚会平添几分笑料。

为给谭彦增加营养，滋补身子，无论冬夏，老岳母风雨无阻跑到海边，盼渔船归来，买回各种海鲜。今天做鱼汤，明天做参汤。一个大雪纷飞的冬日上午，她顶风冒雪来到海边，等到中午，空茫的海面不见一只归船。下午，老人的身影又出现在海边的风雪中。等到夜幕降临时分，一只归来的她很熟悉的捕捞船给老人载来希望。卸船时，仅有的一只稀珍的"赤甲红"大肥蟹，让老人眼睛陡然一亮。她抓住"赤甲红"不松手，非要买下给女婿吃不可。船家本来舍不得卖，留着自己吃的，看着她披着一身雪，脸被海风抽得紫红，深为感动，就笑着说："王大妈，你女婿有你这样的岳母，真是八辈子修来的福啊！这蟹给不给钱都行，拿去吧。"

岳母对谭彦的深厚情义，已经超越了人们的想象。

谭彦拖着病体上班，办公室在五楼，手拽住楼梯扶手，走走停停、上气不接下气，剧喘着咳嗽着一阶一阶往上爬。同事们看了心痛，多少人要背他上楼，都被他谢绝了。因为他要保住一个男子汉的自尊。

然而一回到家门口，气力耗尽的谭彦，再也没有一点力量上楼了。虽然他挣扎着自己上楼，一同下班的贾丽娜怎么忍心？她逼着谭彦趴在自己背上，背着他爬上"高高在上"的四层楼。

　　贾丽娜只有1.55米的个头，45公斤体重，背丈夫上楼何等吃力，让人不难想象。每到临近下班时间，岳母就时时注意楼梯的动静。有时是听到，更多时候是感应到女儿女婿到楼下了，她就赶紧跑下来，一手接住女儿随身携带的东西，一手提住谭彦的腰带，给身小力薄的女儿助把劲。

　　哪天贾丽娜因为工作实在难以与谭彦一起下班，她就提前打电话请家人补救。贾丽娜的所有姐姐、兄弟，都背过谭彦上楼。

　　一天傍晚，贾丽娜在外办事，赶不到谭彦下班时背他上楼，就联系二姐按时在楼梯口等着谭彦。不巧，二姐在赶往途中遭遇塞车，未能按时赶到。

　　每天一到谭彦下班时间，岳母的"心钟"就自动响起。她到楼下时，只见谭彦在独自上楼。只是没上几级，正趴在楼梯扶手上剧喘。年近70的岳母不顾谭彦拒绝，抓住谭彦的手放在自己肩上，拼着老命，背起谭彦，一步一颤，艰难上楼。谭彦感恩的热泪流在岳母的苍苍白发上……

　　一个年近70的老妈妈，如果不是深挚的大爱焕发出这个年龄断难承受的重负，是万不可能把谭彦背上四楼的。

　　*苍天作证*：谭彦能颠覆医院给出的生命极限，他超人的意志力自然是主要源泉，但是，没有亲人十几年如一日无微不至、感天动地的关爱支持，源源不断滋养他的生命，他的生命之花绝不会绽放得这样璀璨。

　　直到谭彦离开多年后的2012年岁末，笔者采访王延芳老人时，一说起谭彦，岳母依然老泪长流，痛惜万分：谭彦啊，真是个好人。他住院，我担忧得整夜睡不着……虽说不是儿子，比待儿子还亲。为了他，泪都流干了。我待他好，不只因为他是我女婿，也为他是个少见的好人……

# → 谭彦与亲戚

★★★★★

　　为了给谭彦治病，岳父那边的所有家人、亲戚，无不尽心尽意。大舅哥贾立夫在金州上班，只要一听说哪地方有治谭彦病的偏方，就用中午休息时间四处寻找，晚上再骑自行车奔波七十多华里送回来。

　　大嫂薛燕是大连富海大厦的干部，每天除了忙于单位纷繁的工作，还得照顾因患脑溢血瘫痪在床的母亲。谭彦一家一回新港住，她又得多操一份心，多出一份力。只要一回到家里，脏活累活她就包了，不论老人、孩子、妯娌、妹夫，谁脱下的换洗衣服，她拿去就洗。

　　她知道谭彦爱吃苦苦菜，一得闲，她就穿上婆婆的旧衣服，公公的旧布鞋，上山去挖野菜。她这身打扮走在街上，引得路人拿她寻开心：这个"捡破烂儿的老太太"很有气质啊。她坦然地一笑置之。

　　有时丽娜下班晚了，为谭彦熬药、端茶送水的活儿，总是她抢着做。

　　当公婆夸她，谭彦、丽娜谢她时，她又总是一脸不以为然：俗话说"老嫂比母"，婆婆年纪大了，兄弟姐妹的事当然该我管。

大姐贾丽亚、大连襟周秋阳，对谭彦像对亲兄弟一样。在使用焙胎盘的偏方时，贾丽亚多少次不惜呛得吃不下饭，诚心执意替下丽娜，周秋阳跟贾立夫一样，也曾骑着自行车到处寻找旧瓦。谭彦和丽娜身上的毛衣毛裤，都是大姐贾丽亚辛辛苦苦一针一线亲手编织的。

他们一回娘家，回回争到"大厨师"、"二厨师"的差事。谭彦过意不去，他们安慰谭彦：我们身体好，又在家门口上班，多干点家务理所应当。

即便贾丽亚在工作时突然中风住进医院，这个老姐仍然操心着家事，挂牵着谭彦。她叮嘱周秋阳：你不要老在医院守着我，妈妈年纪大了，谭彦病成那样，你要多去照顾照顾。

二姐贾丽君、二姐夫王天义都在金州上班，他们知道谭彦爱吃牛腱子肉，就经常买了鲜肉做成美味可口的酱牛肉，抽空送回来。一个周日，夫妻俩骑着自行车送腱子肉，离家尚有三十多里时，突遇狂风暴雨，他们只得推着自行车顶着风雨，淌着泥水往家赶……

贾丽君虽然患腰间盘突出，也背过妹夫上楼。二姐和三姐贾丽萍还轮换陪丽娜去北京伺候谭彦。在北京医院，二姐看到谭彦痛苦的样子，又不能替他，她伤痛得捂住自己的心口，感同身受。她跑前跑后，鞋底磨透了也没时间买双新的。

当记者采访她，问二姐对妹夫这样默默付出时，她说：除了亲戚关系，我还对这个人充满敬意。在我心里，他是最美的法官。看着这么好个人受这样的罪，心疼人啊。全家人都愿为他尽心尽力。

三姐贾立萍，三姐夫王铁石的工作单位也在金州。一天他们到乡下办事，听一位老太太说"毛蛋"大补，一下子就买了50斤给谭彦吃。

这个家所有人都珍重谭彦，敬爱谭彦，他也深爱着每个人。不管谭彦工作多忙，被疾病折磨得多痛苦，每年岳父生日，都是他预定生日蛋糕，操办寿宴。贾庆印70岁生日，谭彦在医院病房里用电话给岳父提前定了生日蛋糕，可惜他不能到场祝贺了。中午，谭彦算着寿宴该开始了，适时给岳父打电话祝寿。虽然谭彦的祝福语里伴着抑制不住的咳声，但在老人耳朵里，却是世上最美的声音，最好的祝福！

贾庆印在电话里动情地对谭彦说：孩子啊！你是咱全家的光荣。全家祖孙三代先为你举杯，祝你早日康复！早日回家！

## → 谭彦与同事

★★★★★

谭彦刚到大连那年，住机关单身宿舍。年关放假，该回家的都走了，单身宿舍变得格外清净，这倒给爱读书的谭彦提供了疯狂阅读的难得时光。由于在求知的海洋中沉得太深，他不仅已经把新春佳节淡忘，也把中院谷振春老院长请谭彦去他家过年的邀请给忘了。当谭彦想起时，除夕已经来临。他很不安，自己过年吃什么并不重要，但不该爽约，辜负了老院长的美意。正在他不知如何是好时，有人敲门了。谭彦一开门，竟是谷院长伴着夫人来了。他们带着饺子和酒菜，要和谭彦过一个特别的年夜。

开发区法院的肖本贵，比谭彦的爸爸还年长，对谭彦像对自己的孩子一样关怀备至。法院初创阶段，家住普兰店市的肖院长宁可住简易房，也不回家住，他舍不得把时间扔到路上。他与谭彦、赵秋实就成了三个"光棍儿"。在同房住、同工作、同担水、同劈柴、同吃饭、严冬同受冻、酷暑同受热的岁月，他们结下忘年交。不管是在冷梦难成的冬夜漫谈，还是偶尔在海边轻松散步，肖本贵总是以父辈的样子，把自己的人生经验、理想追求，毫不保留地与谭彦交流。

肖院长退休后，他对谭彦的关心与情谊丝毫未减，每次到单位参加活动，总要先到谭彦办公室看看，问问他的病情。谭彦每一回住院，他都一次次到医院探望。

贾丽娜原在一家外企工作，为了方便照顾谭彦，大连市中级法院把她调到开发区法院工作。本来按惯例要有个政审环节，院长说：老贾头的女儿不用政审了。只用一星期时间就办妥了所有手续。

在谭彦面前，时任开发区法院副院长的宋宪德，是上级、长者，更是长久把谭彦挂在心上的挚友。他家乡的"大骨鸡"闻名遐迩，个大肉嫩，是上佳补品。他每次节假日回老家，总不会忘记给谭彦买几只带回来，让他滋补身子。

有次谭彦住院，他去医院看望。他问谭彦想吃点什么，谭彦说吃药太多，把味觉都吃丢了，真想不起特别想吃啥。谭彦感叹道：健康真是最大的福气啊！初来开发区时，吃个苦苦菜、泥螺，就香得不得了，今天回忆起来，好像香味犹存……

回单位后，宋宪德利用午饭后休息时间，叫上几个同事，上山挖苦苦菜，到海滩捡泥螺，做好后亲自送到谭彦病床前。

他知道，也许谭彦再也吃不出以前的味道了，但是，这些食物只要能把他带进往日美好时光的回忆，让他看到、闻到、尝到昔日的美味，即便不再是口福，至少是一种"心福"，足以让他舒心慰魂。

宋宪德出差到天涯海角，仍然牵挂着谭彦。他从海南归来，把一个椰子塞到谭彦手里：三亚的椰林真漂亮，把这个椰子放你肚里，做种子吧，但愿也能长出一片椰树。

谭彦开心地笑了：你回去就养猴子吧，预备来我肚里的椰林给你摘椰子。

张晓明是谭彦的校友学兄，对谭彦更是情义深长。

▷ 谭彦在查阅卷宗

一天晚上，他扛着一张童用书桌敲开谭彦家门，让谭彦、贾丽娜一时很纳闷。张晓明说：上次来你家，见你儿子趴在茶几上写字，太弯腰，该有个专用桌了。夫妻俩刚说几句感谢的话，就被张晓明挡回去了：给孩子办这么一点事，难道是为了赚一堆感谢话？你们的孩子，跟我的孩子一样。

给谭彦家送童桌的是张晓明，坚决撤掉谭彦办公桌的还是张晓明。两张桌子的故事，承载了张晓明对谭彦最真诚的关爱体贴。

谭彦得知父亲去世的消息那天，同事对他的真情关爱，让他永难忘怀。

谭彦刚确诊为空洞型肺结核时，他怕别人忌讳，尽可能躲开聚会。为消除他与大家的疏离感，每到周末，几个朋友都不回市内的家，热热闹闹到他家的那间简易房里吃饭聊天，冲散病魔给他的压力。他们那时工资较低，又要花钱看病吃药，还得尽孝心接济谭彦老家，手头拮据自不待言。他们拿不出好吃好喝款待大家，但咸萝卜干、苞米楂子，大家仍然吃得舒心惬意。晚上住在他家，三四个人打地铺睡在地上，用身体续写"亲密无间"——夜里去厕所，得小心翼翼，找人缝下脚。一不留神，就能踩破他人的梦乡。

为了安慰谭彦失父之痛，单位的几个同事周末到谭彦家，重新续写打地铺睡的暖人心肺的故事。

当谭彦父亲去世的秘密意外被揭开那天，张晓明担忧谭彦承受不了这样的深悲剧痛，晚上带着办公室主任刘锟、审判员赵秋实、谭家戎到谭彦家伴陪。夜里，谭彦突然忆起父亲来大连看望他时父子深夜长谈的情景，不免悲从中来，凄凄切切。为避开谭彦见景生情、物是人非的环境刺激，张晓明当即决定，谭彦一家和大伙立即搬到谭家戎家去住。

在谭家戎狭小的家里，谭彦睡在小间的床上，媳妇女儿童睡到大间的床上，张晓明和其他同事有的屈卧沙发，有的睡在地板上。人间真情，成为谭彦的慰心良药。他知道，张晓明费尽心思安慰他，给他疗治心伤，他不能让这样珍贵的情谊付诸东流，自己不能一味深陷悲哀难忘父亲，也不能辜负活着的人的心意，自己万不可在这个时候倒下。正是这种感人肺腑的大情大义，支撑他扛住了这个感情上的毁灭性打击。

政治处主任夏宪平和她一家人对谭彦的关心帮助，体现在日常生活的点点滴滴。正是这种日常和细微，更让谭彦和贾丽娜铭诸肺腑。夏宪平虽然上有老下有小，负担并不轻松，但她还是经年累月尽一切可能挤出时间，到谭彦家忙里忙外，熬药做饭。有时看到谭彦家的床单该换洗了，自己又确实没时间当场洗了，就收拾起来带回家，洗好晒干再拿过来。

谭彦住院，她怕谭方圆孤单寂寞，就让自己的儿子到谭彦家住，给谭方圆辅导作业后，再陪方圆玩。

夏宪平的爸爸夏继勇、妈妈王茂兰住在本溪市。从女儿嘴里知道谭彦的精神境界和严重病情后，很敬佩也很挂心。他们不顾年迈之躯，四处寻找偏方，打听良医。老人几乎每天都给谭彦打电话询问病情。

十几年来，李永春对谭彦真是尽心尽力，情如兄弟。开发区法院不管谁当领导，都把谭彦作为第一服务对象。当初法院有一辆小车、一辆大客车、一辆卡车，全院只有他一个人会开车。常常是下小车上大车，放下客车又开卡车，有时累得腰背酸痛，脚腿肿胀，上下车都难。但是自己再苦再累，只要谭彦用车，向来随叫随到。不止在谭彦用车上尽心尽责，分外事也是跑前跑后，像换煤气罐、卖粮这些体力活，他也没少帮忙。

谭彦喝公鸭血治病那个冬天，能相继买来上百只公鸭，法警王日江可是出了大力的。他下班后顶风冒雪跑到郊区买鸭，是很不易的。农家养鸭，公鸭都是当种鸭养的，一般不愿卖。等把人家说动了同意卖，再拿着手电筒到鸭舍里一只只抓出来辨别公母。回到家夜已深沉，不想再惊动谭彦，只好把鸭子先放自己家里。鸭子的异味就够受了，在生疏环境中的阵阵惊叫，吵得一家老少难以入眠。

王日江背着谭彦在医院"周游"，让谭彦永生感念。那次王日江陪谭彦去医院，谭彦虽然喘得很厉害，仍要坚持自己上下楼到相关科室检查。王日江急了：谭庭长，你就不要在我面前强撑了。我知道，贾丽娜都背你上过楼。你要是不让我背你，说明你还没把我当兄弟。

谭彦还要拒绝，他往谭彦前头一蹲：让背还是不让背？把我当兄弟还是不当兄弟？

谭彦最终趴到王日江背上。那个上午，王日江背着他

△ 谭彦带病坚持开庭、审理案件

敬爱的兄长，跑遍了所有要检查的科室。

谭彦精神令人起敬，而他家人、朋友、同事对他天长日久、无微不至、无所不在的关怀支持、牺牲奉献，无疑给谭彦续燃生命之火，提供了源源不断的柴薪。没有他身后这些人的捧柴，谭彦的生命，绝不可能燃烧成如此光焰四射的熊熊火焰。

1989 年 2 月，谭彦住金州区，到开发区上班。已发烧多日，仍然坚持从金州骑车到开发区上班。几十里路途，对他说来实在太难了。再遇上天气恶劣，就更承受不起了。一天，谭彦上班遇上了强劲的顶头风，他骑不动车，弯腰推着自行车艰难前行。一辆客车驶来，车上的于孝志看到谭彦逆风而行，急喊停车。

谭彦见于孝智从车上下来，不解地问：你怎么在半路下车？

于孝智上前拉住他说：你上车，我来骑车！

谭彦推辞：不用，你快坐车走吧。

于孝智抢过谭彦的自行车扎在路边，"绑架"一样把谭彦推到车上。

汽车启动了。谭彦动情地回头注望着于孝智奋力驱车、顶风前行的身影越来越远，直到在他泪眼迷蒙的视线中变小、消失……

## ➜ 谭彦与社会

★★★★★

1996 年 8 月中旬的一天。一辆警车从大连市甘井子公安分局驶出，车上载着分局全体干警对谭彦的敬意和关爱——一封热情洋溢的慰问信和大家主动捐献的 7639 元钱，直奔开发区法院。这笔钱用于谭彦治病，虽然解决不了大问题，但这份情意，是无法用钱衡量的。它作为一股爱的清泉，定然使谭彦心田平添新绿。

1996 年 7 月 26 日，离休的老军医刘俊峰在电视里看了谭彦的故事，知道这么好的人被疾病折磨成这个样子还拼命工作，既钦佩又焦急。他本人患有肺癌，已切除一叶肺，深受肺病之苦。出于医生的人道情怀和同病相怜，他特别想为谭彦做点什么。他整整想了一夜，决定不辞年迈多病、长途奔波，到大连免费为谭彦看病。

刘俊峰8月5日从四川宜宾来到大连。征得大连市卫生局和谭彦医疗小组同意后，开始为谭彦治疗。

从8月11日开始用中药，兼补以食疗，用到第六副药时，谭彦咳嗽明显减轻，饭量增加，睡眠也安稳多了。

9月16日，在谭彦赴京治疗时，他希望能继续吃刘军医的药。按谭彦的意愿，刘俊峰也随之去了北京。他在北京自己租房住，适时配合医院继续为谭彦治疗。

后来刘俊峰老人回到宜宾老家后，还一直牵挂谭彦的病情，不断邮寄药物。

一个身患癌症的古稀老人，没有一丝一毫功利之欲，完全出于善美的人性和崇高医德。

1997年9月21日，全国先进典型座谈会代表到长城游玩，等大客车到了，游人中有人认出了谭彦，就上来好多人抬他，他自己说上不去就不上了，大家连人带轮椅把他抬上了长城。

潘自航教授把自己研制的增加免疫功能、比等重黄金还贵的灵芝孢子粉，让谭彦免费吃了七八年，并经常打电话询问情况。

社会各界素不相识的人对谭彦的奉献关爱，再次向世人昭示一个永不过时的真理：人性的光辉像阳光一样，是相互折射辉映的。从天南地北未曾谋面的那么多打电话、写信给谭彦献祖传秘方、情义殷殷慰问谭彦的动人故事里可以看到：崇高人性的感召力是如此强烈。

胡锦涛总书记得知谭彦病情加重后非常关心，他强烈希望：一定要把谭彦救过来！

谭彦医疗小组再次研究了谭彦的病情后，建议到北京治疗。开发区卫生局和谭彦单位共同派人，带着谭彦的胸片，到位于通县的北京肺结核研究所结核病医院会诊。

专家会诊后，邀请谭彦到北京住院治疗。

△ 作者正在采访谭彦的亲朋好友

1996 年 9 月 16 日，谭彦在家人的陪护下去了北京。

1996 年 10 月 13 日晚，中央电视台《新闻联播》节目，播发了本台与大连电视台联合报道：谭彦在北京结核病院疗效明显。谭彦在病床上通过电视镜头，向所有关心他帮助他的人深深致谢。

谭彦的事迹被新闻媒体广泛报道后，震撼了无数人的心魂。人们以各种方式表达对谭彦的钦敬、关切和爱戴。

1996 年初，一篇报道谭彦事迹的稿件拿到《大连开发区报》拣字车间，一个工人边拣边哭着感叹：咱们开发区还有这样的人，真是太可贵了！

辽宁省一位警察在信中写道："……和您比起来，我真是差得太远了，作为一名年轻干部，您在如何对待名与利、权利与地位、困难与挫折、成功与失败等方面，为我树立了榜样。"

一位 56 岁的海军大校在给谭彦的信中写道："我在中央电视台节目中看到你，请让我以一位老军人的名义向你致以崇高的军礼！看了报道，我感触很深，你身体虽然很弱，但你是真正顶天立地的汉子，你的骨头最硬，你是中华民族的脊梁！"

谭彦的大学同学、驻香港部队法律所律师刘余敏在给他的慰问信中写道："我为有你这样的同学感到自豪和高兴，我一定要以你为榜样……"

台湾台北市的杨秀梅女士给谭彦寄来两本保健书，她在扉页上深情地写道："祝您早日康复！"

江苏省连云港市中级人民法院给谭彦发来慰问电："您的名字随同您的感人事迹从辽东半岛传到黄海之滨，我们连云港市法院全体干警向您表示深深的敬意。我院做出决定，号召全市法院干警向您学习，不断推进我们的审判工作。我市法院广大干警衷心祝愿您早日康复，在神圣的审判岗位上，让生命之火燃烧出更加绚烂夺目的光芒。"

吉林大学校长刘忠树教授带着谭彦母校师生的敬意和牵挂，专程赴大连看望谭彦时盛情邀请："你是吉林大学的光荣，是我们全校师生的楷模，母校正在开展向你学习的活动，非常希望你在 9 月 21 日返校参加 50 年校庆。"

吉林省集安市领导带着故乡人的深情厚义，南下千里，专程来大连慰问自己的优秀儿子。

一位曾获比利时"尤里卡"银牌奖的医药专家，寄来他新研制发明的两种药物，无偿让谭彦服用。

深圳一位老中医，在电视里看到谭彦这样杰出的法官被病魔摧折，飞越万水千山来到大连，要用祖传秘方为谭彦治病。

开原市一乡村老中医，把世代相传的治肺结核的药物配制好，邮寄给谭彦。可敬的老人在附信中道出心声："给你提供这些，我一不图名，二不

△ 谭彦病重住院，儿子谭绍博过生日，表姐周小丹、表哥贾光琪一起为其庆祝生日

图利，更不图回报，只图你痊愈后，能够更好地为广大人民群众办好事，执好法。"

黑龙江省一位姓徐的大夫，在电视里得知谭彦顶着肺病折磨，以超人的毅力拼命工作，不胜感动，带着药方专程来给谭彦治病。

岳父在家相继收到三大箱信。除西藏外，包括香港在内的所有省份，都有人来信表达敬意，深情慰问，奉献药方。一位香港同胞在信中惊叹："大陆上还有这样的人？"

一位诗人饱含激情地为谭彦吟歌——

谭彦果真好法官，光辉业绩惊尘寰。

敢同人鬼争高下，偏向病魔争往还。

一副瘦肩担道义，两条细腿走轩辕。

休说生命长与短，不灭精神万古传。

写在这里的这些温暖人心的肺腑之言，动人心魂的故事，只是逾千封来信、数千次电话、众多来访者中很少的一部分，它汇成爱的春江，在谭彦心中激荡涌流，绵绵不绝……

# 非凡的情怀

# → 让生命更充实

★ ★ ★ ★ ★

　　1996 年 6 月 7 日，新华社记者的报道《法官谭彦身患绝症七年坚持秉公执法为民办案》，在新华社《国内动态》上发表。次日，时任中央书记处书记的胡锦涛就做了重要批示，建议认真总结宣传谭彦的先进事迹，树立人民法官秉公执法、无私奉献的崇高精神。

　　随即新华社播发长篇通讯《钢铁之躯托起神圣的天平——记秉公执法、无私奉献的"铁"法官谭彦》，全面介绍了谭彦的先进事迹，谭彦成为全国政法战线学习的楷模。

　　1996 年 7 月 26 日下午 3 点，胡锦涛和其他领导人在中南海怀仁堂接见了谭彦先进事迹报告团全体成员。胡涛锦满含深情地说：看了谭彦同志的事迹报道后，我很受感动。凡是看了谭彦同志事迹、听了报告的人都无不为之动容，可见谭彦先进事迹感人之深。谭彦同志是一名年轻的普通法官，他在身患重病的情况下，克服重重困难，勤奋工作，秉公执法，做出了一流的业绩，受到了人民群众的赞扬，被誉为"铁"法官。

　　分别时，胡锦涛紧紧握住报告团成员、谭彦夫人贾丽娜的手说：感谢你对谭彦同志的理解和支持，希望谭彦同志尽快地治好病。

## 谭彦，用坚实的足迹，写出自己的生命史——

1989 年 1 月，谭彦被评为大连市中级人民法院先进工作者；

1990 年，被评为大连市法院系统先进工作者；

1992 年，荣膺大连市中级人民法院先进工作者；

1994 年 11 月，被辽宁省高级人民法院通令嘉奖；

1995 年 5 月，被大连市中级人民法院记三等功；

1995 年末，被大连市人民政府授予 1994—1995 年度特等劳动模范；

1996 年 1 月，被评为大连市杰出法官；

1996 年 4 月，被大连市人民政府授予大连市特等劳动模范；

1996 年 5 月，被评为大连经济开发区十大杰出青年；

1996 年 6 月，被辽宁省高级人民法院记一等功；

1996 年 7 月，被最高人民法院授予"全国法院模范"；

1996 年 7 月，被辽宁省总工会授予五一劳动奖章；

1997 年 10 月，被评为首届中国十大杰出青年卫士；

1998 年 2 月，被评为全国法院青年法官标兵。

获得许多荣誉以后，他更加严格要求自己，更加低调做人。曾有记者采访他，问他为什么要这么做。他只是说："咱是老百姓的孩子，就应该做对得起老百姓的事。"

1996 年 3 月 8 日，他在大连开发区召开的"谭彦同志先进事迹报告会"后，做了简短的发言，再一次道出自己的心声：一个人的生命是有限的，尤其是随时都有可能被病魔夺去生命的人，时间就显得更加宝贵了。如果一味地躺在病床上悲观失望，屈服于疾病，还不如正视现实，忘我工作。

只有正确认识和对待生命，我才能摆脱疾病的困扰，在有限的时间里充分发挥自身的潜能,刻苦学习,努力工作,有一分热发一分光,来报答人民。也只有好好工作,才不愧对肩上的天平和头顶的国徽。

我之所以这么做,并未想去索取什么,也没有想到今天能得到这么高的荣誉,我只想让生命更充实,更有益一些。……多做一份工作,是我心里最大的宽慰。

2012 年 12 月中旬,笔者在开发区法院采访时,他的老朋友、老同事、谭彦事迹报告团的成员夏明宇先生告诉我:那时,谭彦已经没有气力站着长时间讲话,就是坐一会儿都非常艰难。即使他的健康允许他坚持讲话,按他的秉性,他也不会讲,他从来只会默默做事,不愿表白自己。

夏明宇翻出已经发黄的、他的演讲初稿给笔者看,那上面有谭彦当时留下的多处修改笔迹。夏明宇至今清楚记得当时的情景:当他把稿子拿给谭彦把关时,谭彦看后提出异议说,有些话说过头了,有些事有拔高之嫌,应该一是一 二是二,不能有一点虚饰美化。他亲手提笔划掉了自己不能承受的美言。

其中有这样几段话,被谭彦抹掉了——

原稿上写道:"1994 年 6 月,谭彦承办了一件有 6 名被告人的团伙抢劫案。因大连开发区法院没条件开庭,他便决定到市中院大法庭公开审理此案。这期间,谭彦已连续两天发高烧。准备开庭的那天早晨,他仍高烧未退。领导和同事们得知,劝他把开庭的日期往后顺延几天。谭彦说:'我没事,吃点药就能坚持。如果改变日期,耽误人家的时间。'"

谭彦把此段下面的话删去了——

"领导和同事们又提出:'让别人去,你在家。'谭彦执意不肯,分辩道:'我是审判长,对案情最熟悉,不去行吗?'大家拗不过谭彦,只好作罢。"

演讲稿这样追述那天谭彦在法庭的情景:"在法庭上,谭彦忍着病痛,以精湛的审判技巧、娴熟的法律知识、威严的法官形象,有条不紊地主持着公开审判。但是他毕竟发着高烧,不仅喘吁吁的,而且咳嗽不停,脸上也冒出了虚汗。"

△ 谭彦与大学同学在一起

接下来的话又被谭彦划掉了——

"这种感人的情景，甚至连被告也觉得过意不去。其中一个被告人举手报告说：'审判长，你休息一会儿吧，等不咳嗽了再开庭。'"

在另一个语境中，谭彦还"灭了"自己的"口头禅"和"赞美诗"——

"老百姓打官司不容易呀，我得多为他们做点事。"这是谭彦的口头禅。"咱开发区法院出了第二个包公"，当地老百姓有口皆碑，有时，素昧平生的人登门拜访，点名要见谭彦。问他们有什么事，回答说："什么事也没有，我们就是来看看包公。"对此，又有诗赞曰："谭彦有如谭嗣同，百年历史两颗星。曩之舍命唤民醒，今尔献身为法蒙。一样突惚逝宇宙，共同闪亮照时空。民族多此真君子，世界应刮华夏风！"

非常难得，也非常庆幸，谭彦自己把"二包公"的高帽子摘掉了。现代法治文明建设，不能再期待出现"包青天"。因为，只有在法制不健全的社会，才需要"青天"出来给冤民做主。只要在判决案件时还需要人做主而不是法做主，就算不上真正的依法判决。而且当庭"招是不招？大刑伺候"的审案法，也是刑讯逼供合法化、包公戏里流弊甚远的负遗产。谭彦受过现代大学法律教育，有汲取历史精华，摈弃历史糟粕的能力。

谭彦也把高古艰涩、需要搬出《康熙字典》才能通读的赞美诗去掉了，要不，普通听众会不知所云。谭彦此处的删除，足见他有公正的历史眼光，有客观的自我认知能力。因为，他和谭嗣同虽然都姓谭，都是了不起的人物，但远不是同类人物。而"百年历史两颗星"，就太浪漫了，过分拔高了。

谭彦的可敬，是因为他的事迹真实，他这个人诚实。

# → 让世界更美好

☆☆☆☆☆

　　无私奉献，是谭彦精神中最感人的一面。即使在病魔缠身的岁月里，谭彦最大的渴望，依然是尽其所能，回报社会，奉献他人。让人间更温馨，让世界更美好。

　　1996 年 12 月，大连开发区一家企业，怀着对谭彦的敬意，向他捐献了两万元钱，希望他用这笔钱买点营养品。贾丽娜在电话里把这个消息告诉正在北京住院的谭彦后，谭彦当即嘱托妻子：公司的心意我领了，但这笔钱还是转赠给开发区一中，可以给家庭贫困的学生解决一点困难。

　　大连开发区妇联，代表全区妇女给谭彦捐了一千元钱表达心意。他提笔写信感谢："请用这一千元为少年宫的孩子们买些书刊，让开发区的孩子们获得更多更新的知识。"

　　1998 年，长江、松花江流域发生百年不遇的洪灾。谭彦时刻关注着灾情。他不顾天气炎热，亲自到开发区管委会大楼，捐上了寄托着一片深情的两千元钱。

　　1998 年他当选为大连市十大名人，当场就把一万元奖金捐给普兰店市的一所希望小学。

　　周超是个不幸的孩子。父亲突然去世后，家里的顶梁柱就塌了。母亲一人拉扯着三个年幼的孩子艰难度日，正在大连市春德小学读书的周超，有时连学费都成问题。

1998年秋天，谭彦意外得知周超的境况后，他不顾病体，带着一大堆学习用品，在爱人的搀扶下到小周超家里慰问。他抚摸着小周超的头说："你母亲很不容易。你一定要好好学习，只要我还活着，一定会尽力供你读书。"

谭彦一下子为周超交齐了六年的学习费用。

这些年来，谭彦一直牵挂着周超的成长。直到临终之前，他还嘱咐爱人贾丽娜，回大连后抽空去看看周超。

他心里装满浓浓的爱：爱祖国，爱家人，爱同事，爱朋友，爱每一个人。

# 壮丽的落日

# ➡ 抱憾离去

★★★★★

谭彦在人生落幕时留给我们的音容和文字，是最震撼人心的。

2003 年底，谭彦病危。许多领导、同事、朋友、亲人都到医院看望。看见他们，谭彦总是那么高兴、激动。当他看到前来探望的同事夏明宇，几个月都说不出话来的谭彦突然喊出声来："明宇！"

他多希望这些爱他的人能在他身边多留一会儿，解解思念之苦，但他知道病房里空气不好，怕待太久了对身体有害，总是依依不舍地示意别人尽快离开。

他的气管被切开后，说不出话来，只能在写字板上写字交流。

谭彦对始终守护自己的爱人充满至爱和歉疚。贾丽娜从二十多岁起，就伴陪着病中的爱人，整整 17 年。她之所以能一直保持对谭彦深深的爱，是因为他强大的人格力量。贾丽娜说，谭彦总是那么坦荡、那么善良。谭彦在生活上不能尽丈夫的职责，但在精神上却成了贾丽娜的支柱。

谭彦见妻子一脸倦容，困难地拿起笔，表达对爱人的感激和关心："你不要太累了。"

他看贾丽娜为他忧心如焚，他劝慰妻子："我一定会渡过难关。"

谭彦病危期间，大连开发区法院派一辆车守候在医院，谭彦十分不安地写道："车放回去，不然费用太高。师傅家里有老人小孩，让他早点回去。"

2004年1月17日，同事赵秋实、谭家戎来看望，他百感交集地写道："差一点没有见面的机会了！千疮百孔，深咳重喘，九死一生，只有亲身经历才能体会：生活是多么美好。但人没有吃不了的苦，没有受不了的罪。"

2月8日，他在纸上与爱人聊天："咱俩自费旅游的愿望能实现吗？"

3月1日，吉林老家亲戚来北京看望他，他特别叮嘱妻子："老家的人来，费用我们自己出，不要花公家的钱。"

亲戚走后他特别难过，悄悄流泪。之后，他擦去眼泪抄写一首诗："离离原上草，一岁一枯荣。野火烧不尽，春风吹又生。"

2004年11月19日，临终前9天，他从《参考消息》上看到一篇题为《牛蛙皮治青光眼》的文章，想起退休的老同事李永春的儿子患青光眼失明多年，他让贾丽娜把文章剪下来，转交给老李。

2004年11月21日，谭彦再次昏迷。医护人员奋力抢救，又把他从死神手里夺回。医生们惊叹：从没见过生命力这么顽强的病人。与谭彦同期被送进ICU的病人，都相继去世了，唯有谭彦坚持了11个月。

他从昏迷中苏醒过来不久，就让守候在身旁的爱人拿来写字板，干瘦无力的手颤抖着，拼尽心力写道："作为法官，清廉如水是立身之本，秉公执法是生命之魂，枉法裁判是天大的耻辱！我是一名普通法官，只是做了一点应该做的工作，国家和人民却给了我很多荣誉，心中时常不安。只叹身患重病，壮志难酬。"

岳父给谭彦买书剪报，早成了习惯。谭彦在北京住院，贾庆印就把剪报邮寄过来。他知道岳父一向严肃认真，过去给他买了书，不久就会追问"读后感"。谭彦明知不久将生死两界，他还没忘记给岳父回复："丽娜，转告爸爸，捎来的剪报我已学习了，反复看了几遍。"

生命已如游丝，但他还是没有绝望。从昏迷中苏醒不久，面对前来看望的同事，他写道："感谢领导，感谢战友，工作特忙，千里来看我。无论什么难关，我永远是有信心的。"

看着他临终前写下的只言片语，那以往娟秀的字迹已经变得虚弱、模糊，但其中展现的是铁法官坚强不屈的意志，他对生命、对事业深深的眷恋。

直到临终的最后时刻，他都记着：自己只是一个普通的人民法官，只能给人民做出奉献，而不能有任何奢求。法院为他准备后事，打算把他安葬在环境优美的大连名人园。弥留的谭彦得知后，坚决嘱托妻子贾丽娜："那里费用太贵，千万不要。已经让国家花了许多钱了。咱是老百姓的孩子，不算名人。"

2004 年 11 月 28 日上午 10 时 45 分，北京结核病医院。在与病魔进行了十几年的搏斗之后，在亲人和同事悲痛的呼唤声中，一颗顽强的心脏结束了最后的跳动。带着对生命的眷恋，带着对亲人、同事和朋友的爱恋，带着对人民的热爱和感激，谭彦永远地告别了人世，告别了他至死不渝的审判事业。

贾丽娜永远不会忘记：谭彦去世的时候，没有合上双眼。她比谁都更明白，丈夫为什么"死不瞑目"——他有太多的心愿未了：他多么渴望，身着庄严的法官袍，重返神圣的审判台。他多么希望，继续为人民多做贡献，回报大家对他的无尽关怀。

# ➡ 遗辉灿烂

★★★★★

　　谭彦生命灯火熄灭那一刻，人们还是不愿他就此永别，医生还期望一次次创造奇迹的谭彦再改写纪录。医护人员连续八次启动心脏起搏器，谭彦的心脏依然静如止水。所有当班的医护人员都围过来，她们早已见惯了死亡，此刻还是忍不住热泪滚滚。多年来，谭彦身上强大的人格力量、崇高的精神境界深深感染着她们。一位年轻的护士凑近他耳旁，对着没有走远的灵魂耳语："谭彦，您走好。谭彦，我们永远忘不了您！"

　　谭彦的病逝，刺痛、牵动了无数人的心。八宝山殡仪馆里，人们为这位普通法官举行了庄严的遗体告别仪式后，按他的遗愿：遗骨归葬他工作、生活、魂牵梦绕的大连。

　　谭彦魂归大连那天，成千上万素不相识的人到车站迎接他的骨灰，长长的车队缓缓护送他的灵柩。许多出租车司机放弃正常营运，免费搭载去长青山为谭彦送别的人。

　　网络上，一个个帖子表达着人们对谭彦的敬意和哀悼——

　　"好法官自然受到人民的爱戴！"

"谭彦，愿您在另一个世界里不再受病痛的折磨。"

"天堂里还有法槌敲响吗？"

"谭彦，您一路走好！"

谭彦离去的时间越久，他的精神光芒照耀得越远。

2009年9月10日，在中央11个部门联合组织的"100位为新中国成立做出突出贡献的英雄模范人物和100位新中国成立以来感动中国人物"评选活动中，谭彦被评为"100位新中国成立以来感动中国人物"。

谭彦44岁的人生虽然短暂，却给这个世界、这个时代矗起一座灿烂的丰碑，留下一道永恒的光芒。他平凡而伟大的一生，既是人民法官的骄傲，我们这个时代的骄傲，也是我们民族的骄傲。

谭彦虽然离去了，但《老铁之歌》仍在他身后的大地传唱、回荡。

# 后 记

## 一棵伟岸挺拔的参天树

走近"铁法官"谭彦先生前，我们遥望猎猎飘扬在辽东半岛这面精神旗帜时，因为没机会近看，虽然颇为钦敬，但还没达到身心感动的境地。

在我们来到他生前的这片热土，追寻他短促坚实的人生足迹，倾听他的家人、同事眼含惋叹的泪水追述他人生故事后，我们由钦敬而感动，由感动而震撼。

谭彦被医院确诊为"慢性纤维空洞型肺结核"，判定他"最多再活五年"。他以钢铁般超人的意志力、顽强的生命力，在与绝症的抗争中，颠覆了医院的"判决"。他昂扬生命的号角，不仅持续了十六年，他忠诚法律、捍卫正义、铁面无私、执法如山的信念与情怀，为自己的一生，铸就一座生命丰碑，更为法官这一职业，增添巨大荣辉。

世上，没有特殊材料制成的人。"特殊材料制成的人"只是个传说。每个人，都是血肉之躯，都有痛感，都有承受的极限。英雄，能忍受常人不能忍，并非骨肉长得跟常人不一样，而是有超乎常人的意志力，超越常人的精神力量。即使是意志力量、精神力量异常坚韧强悍的人，在病魔掏空他的肉身，实在扛不住的时候，绝对需要他人的援手和温慰。

在远远仰望谭彦时，我们把他视为强盛生命擎起的精神旗帜，在走近他生命深处后，我们更愿意把谭彦看成扎根厚土、伟岸挺拔的参天大树。倘若这棵病树不是生长在这片仁爱的土地上，他不会长得这样高大，也不会活得这样长久。

谭彦创造了生命奇迹，离不开他妻子贾丽娜十几年倾心、倾情、倾力的呵护服侍；也离不开家人、同事、亲戚、朋友天长日久、无微不至、无所不在的关怀支持，牺牲奉献；贾丽娜能撑持十六年，而没要被重负压垮，得益于娘家人十六年慷慨、持久、温暖不减的援手。而这一切，无疑给谭彦续燃生命之火，提供了源源不断的柴薪。

社会各界素不相识的人对谭彦的奉献关爱，再次向世人昭示一个永不过时的真理：人性的光辉像阳光一样，是相互折射辉映的。从天南地北未曾谋面的那么多打电话、写信给谭彦献祖传秘方、情义殷殷慰问谭彦的动人故事里可以看到：崇高人性的感召力是如此强烈。

2012年12月12日，雪后冷晴的下午，我们和谭彦的妻子来到面对大海的长青公墓，把素雅的花篮敬献在谭彦的墓前，深鞠三躬，表达我们对谭彦的崇高敬意与深情缅怀。

告别谭彦的英灵，顺路拜见谭彦的岳父、岳母和二妻姐。走近令人敬仰的仁爱一家，他们的人性阳光，迅速消融严冬的寒意。临别，年过80的谭彦岳父执意从五楼下来，把我们送到大门口。上车时，我们向站在雪地、精神矍铄的老人深鞠一躬。向他老人家、向他们全家、向所有撑托过谭彦的人们，献上我们最诚挚的敬意和谢忱。是他们，给了谭彦无边大爱，做了谭彦的生命养料，成就了谭彦，使他成长为中华民族精神栋梁。

最后我们要特别申明：在这本书的写作中，从张宝杰先生的长篇报告文学《谭彦》、从《秉公执法无私奉献的"铁法官"谭彦》、《燃烧的生命》两本文集以及相关部门的网文里，引用、吸纳、借鉴了不少东西，为写此书提供了丰富宝贵的资源，创造了极大便利。因为大家写的是同一个人物，有的文章没标成文时间，我们很难准确标注出原引。因而，在我们对所有以前写过谭彦的作者致以真诚感激的同时，也为没有标注引文恳请谅解。

我们深信：每一个走近过谭彦灵魂深处，写过谭彦，受过他精神照耀、情怀濡染的朋友，都不会很在意，谁是谁的人梯。

尽管我们写得很上心，也知道自己水平有限。偏颇失误之处，敬请读者指谬教诲。

# 100位

## 新中国成立以来感动中国人物

丁晓兵　马万水　马永顺　马恒昌　马海德　中国女排五连冠群体

孔祥瑞　　孔繁森　　文花枝　　方永刚　　方红霄　　毛岸英

王　杰　　王　选　　王　瑛　　王乐义　　王有德　　王启民

王进喜　　王顺友　　邓平寿　　邓建军　　邓稼先　　丛　飞

包起帆　　史光柱　　史来贺　　叶　欣·　甘远志　　申纪兰

白芳礼　　任长霞　　刘文学　　刘英俊　　华罗庚　　向秀丽

廷·巴特尔　许振超　　达吾提·阿西木　　邢燕子　　吴大观

吴仁宝　　吴天祥　　吴金印　　吴登云　　宋鱼水　　张　华

张云泉　　张秉贵　　张海迪　　时传祥　　李四光　　李春燕

李桂林和陆建芬夫妇　李素芝　　李梦桃　　李登海　　杨利伟

杨怀远　　杨根思　　苏　宁　　谷文昌　　邰丽华　　邱少云

邱光华　　邱娥国　　陈景润　　麦贤得　　孟　泰　　孟二冬

林　浩　　林巧稚　　林秀贞　　欧阳海　　罗映珍　　罗健夫

罗盛教　　草原英雄小姐妹　　赵梦桃　　钟南山　　唐山十三农民

容国团　　徐　虎　　秦文贵　　袁隆平　　钱学森　　常香玉

黄继光　　彭加木　　焦裕禄　　蒋筑英　　谢延信　　韩素云

窦铁成　　赖　宁　　雷　锋　　谭　彦　　谭千秋　　谭竹青

樊锦诗

图书在版编目（CIP）数据

谭彦／郑兢业，高天异著. -- 长春：吉林文史出版社，
2012.12（2022.4重印）
（100位新中国成立以来感动中国人物）
ISBN 978-7-5472-1384-1

Ⅰ. ①谭… Ⅱ. ①郑… ②高… Ⅲ. ①谭彦（1960～2004）－
生平事迹－青年读物②谭彦（1960～2004）－生平事迹－
少年读物 Ⅳ. ①K825.19-49

中国版本图书馆CIP数据核字(2013)第001557号

# 谭　彦

TANYAN

著／ 郑兢业 高天异
选题策划／ 王尔立 　责任编辑／ 王尔立 李洁华 任玉茗
装帧设计／韩璘
出版发行／ 吉林文史出版社
地址／ 长春市福祉大路5788号 　邮编／ 130118
电话／ 0431-81629363 　传真／ 0431-86037589
印刷／天津海德伟业印务有限公司
版次／ 2012年12月第1版 2022年4月第4次印刷
开本／ 640mm×920mm 1/16
印张／ 9 　字数／ 100千
书号／ ISBN 978-7-5472-1384-1
定价／ 29.80元